KB122023

어린이의 눈으로
안전을 묻다

어린이의 눈으로 안전을 묻다

제1판 제1쇄 발행일 2023년 5월 5일

글 —— 배성호, 김신범, 박수미, 정석, 현재순, 임상혁
기 획 —— 책도둑(박정훈, 박정식, 김민호)
디자인 —— 장원석
펴낸이 —— 김은지
펴낸곳 —— 철수와영희
등록번호 —— 제319-2005-42호
주 소 —— 서울시 마포구 월드컵로 65, 302호(망원동, 양경회관)
전 화 —— (02)332-0815
팩 스 —— (02)6003-1958
전자우편 —— chulsu815@hanmail.net

ISBN 979-11-88215-87-4 03330

철수와영희 출판사는 '어린이' 철수와 영희, '어른' 철수와 영희에게
도움 되는 책을 펴내기 위해 노력합니다.

재난의 시대에 세상을 향한 물음

어린이의 눈으로 안전을 묻다

배성호·김신범·박수미·정석·현재순·임상혁 지음

철수와영희

여는 글

안전하고 건강한 세상 만들기

100여 년 전 방정환 선생님은 어린이들이 안전하게 지낼 수 있는 교육 환경을 만들자고 제안한 바 있습니다. 저에게 이 담대하고도 오래된 미래 같은 선언을 오늘날 우리가 어떻게 풀어 갈 것인가 하는 문제는 늘 화두였습니다. 어떻게 하면 안전하고 건강한 학교생활을 만들 수 있을까요? 그러려면 일상에서 무엇이 필요할까요?

가습기 살균제 참사, 세월호 참사, 2022년 핼로윈데이에 일어난 10·29 참사까지 사회적 재난이 끊이지 않고 일어나고 있습니다. 이런 상황에서 저는 우선 우리 사회가 '안전 감수성'을 키워야 한다고 생각했습니다. 우리가 안전해지려면 위기관리 능력 강화 외에도 놓치지 말아야 할 게 있습니다. 바로 자신과 타인의 삶을 소중히 여기는 생명 존중 의식이에요. '안전'이 꼭 물리적, 제도적 안전만을 의미하는 것은 아니니까요. 저는 문화적, 심리적인 접근도 중요하다고 생각합니다.

학교 현장은 관련 법에 의해서 관리되고 있습니다. 대표적인 게 '학교 보건법'인데요. 환경 위생 관련해서 교실이나 운동장의 소음 그리고 환기, 채광, 조명, 온도 그리고 최근에 문제가 된 석면 등에 대한 관리 기준 등이 있습니다. 식품 위생도 관리합니다. 학교에서 급식을 할 때 식기, 식품 그리고 먹는 물의 관리 기준 등을 바로 이 학교 보건법이 규정합니다. 학생들의 신체 발달, 체력 증진 그리고 약물 오남용 예방이라든가 각종 안전 교육 등도 여기에 근거합니다.

그렇다면 학교 현장에서 안전 교육은 어떻게 이루어지고 있을까요? 학교 안전 교육의 목표는 크게 세 가지로 볼 수 있습니다. 먼저, 인지적 측면입니다. 학생들이 안전한 생활에 필요한 지식과 이해를 늘리는 것이겠죠. 두 번째는 행동적인 측면인데요. 안전한 행동을 실천하는 데 요구되는 기능 및 능력들을 기르는 것이고요. 끝으로 정의적 측면이 있습니다. 안전한 삶을 영위하려는 가치관과 태도 및 실천 의지를 기르는 거예요. 이 세 가지 측면들을 골고루 길러 주는 게 바로 안전 교육의 목표입니다. 어찌 보면 오래전부터 학교 현장에서 많은 분들이 노력하고 있는 내용이기도 합니다.

안전사고 예방과 관련해서 한 가지 중요한 이론이 있습니다. 바로

'하인리히 법칙'입니다. 간단히 말씀드리자면 큰 사고가 나기 전에 작은 사고들이 여럿 발생한다는 거예요. 보험사 직원으로 산업 재해 관련 일을 했던 하인리히는 미국 산업 재해 현장을 분석했습니다. 그 결과 중상자가 한 명이 나왔다면 그전에 같은 원인으로 경상을 입은 사람이 최소 29명이 있었으며, 부상은 없었지만 경미한 사고를 겪은 사람이 무려 300명이 있었다는 사실을 알게 됩니다. 그래서 이를 '1대 29대 300 법칙'이라고 합니다. 안전에 관한 한 작은 조짐이라도 그냥 지나치지 말라는 경고입니다. 그래서 우리가 사후 처리도 잘해야 하지만 '예방'이 더욱 중요합니다. 어떤 사고든 사전에 막을 수 있다면 학교생활이 더욱 안전해지겠지요.

하인리히는 이 법칙과 함께 '도미노 이론'도 펼쳤습니다. 이건 사고가 차례차례 연속으로 이어진다는 것입니다. 하인리히는 사고가 일어나는 순서를 유전·사회적 환경, 인간의 결함, 불안전한 행동과 인적·물적 위험, 사고, 상해의 다섯 단계로 보았어요. 마치 도미노가 넘어지는 것처럼 유전·사회적 환경부터 차례차례 연쇄적으로 사고가 발생한다는 거예요. 이건 무슨 뜻일까요? 맨 처음 블록인 유전·사회적 환경을 제거하거나 최소한 사고 이전 블록인 인적·물적 위험 요소만 제거해도 사고로 이어지지 않는다는 겁니다. 사고 예방 관련해서 유익한 개념이에요.

그렇다면 우리는 어떻게 안전을 지켜 나가야 할까요? 당연히 사전에 국가와 사회의 노력이 필요합니다. 그리고 실제로 자연 재난 및 화재를 비롯한 각종 위기 상황이 발생하면 전문 구조 인력의 도움을 받지만, 스스로 여러 형태의 위험을 예견하고 회피할 수 있는 안전 능력을 배양하는 것 또한 매우 중요합니다. 그러려면 학급 단위, 학교 단위에서 실제적이고 체험적인 안전 교육이 필요합니다.

잠깐 제 경험을 말씀드리면요. 제 부모님이 고령이신데 한때 위험한 상황이 있었습니다. 어머니께서 갑자기 저혈당으로 쓰러지셨는데 당황하신 아버지가 제게 연락을 하셨습니다. 멀리 떨어져 있어서 제가 할 수 있는 일이 별로 없었어요. 그때 딱 머릿속에 스치는 게 '119'였습니다. 재빨리 119 구조 신고를 했는데 놀랍도록 신속한 조치가 취해졌어요. 이동 과정에서도 신고자인 제게 연락을 주셨답니다. 그 덕분에 병원 후송까지 안전하게 이루어져 지금은 건강히 잘 지내고 계십니다. 이는 비단 우리 가족만의 이야기가 아닐 거예요.

안전 능력을 배양한다는 건 바로 이런 위기관리 능력을 키우는 것입니다. 우리 자신뿐 아니라 가족과 이웃의 생명과도 직결되는 문제지요. 세월호 참사를 비롯해 우리 사회에서 일어났던 사회적 재난 상황으로 인해 교육부에서는 2015년부터 '학교 안전 교육 7대 표준안'을 마련하여 시행하고 있습니다. 그전에도 안전 교육은 있었지만 학교와 학급마다 차이가 있었고 좀 더 체계적인 교육 모델이 필요했기에 개발한 것입니다.

'7대 표준안'이라는 말처럼 크게 일곱 개 영역에 걸쳐 주요 교육 내용이 제시되어 있습니다. 바로 생활 안전, 교통안전, 폭력 예방 및 신변 보호, 약물 및 사이버 중독 예방, 재난 안전, 직업 안전, 응급 처치 등입니다. 이는 중요한 내용들입니다. 하지만 표준화된 내용 제시로 실제적인 내용이 빠지고 또 형식적으로 이뤄지는 경우도 많았습니다.

이에 이 책에서는 어린이의 시선에서 바라보는 안전과 실제적으로 현장 선생님들과 학부모님들께서 궁금해하시고, 또 사고가 많이 발생하는 안전 관련 내용을 전문가 분들과의 생생한 대담을 통해 나누었습니다. 7대 표준안 중에서도 학생들의 안전과 직결되는 다음 다섯 가지 주제에 관해 이야기를 나눠보았습니다. 첫 번째는 일상생활 및 사회적 재난과 관련된 안전입니다. 일상 생활 속에서 어떻게 안전을 만들어 갈지 개인과 국가, 사회의 역할에 대한 새로운 대안을 모색해 보았습니다. 안전을 개인의 문제로만 보는 것이 아니라 위험한 제품과 상황에 대해 질문하고, 이 문제를 함께 해결하기 위해 연대하고 참여하는 것의 중요성을 살펴보았습니다.

두 번째는 어린이 생활용품 안전입니다. 특히 이 부분과 관련해서 유해 물질 말씀을 드리려고 해요. 최근 생활 속 화학 물질 등의 부작용에 대한 관심이 높아졌어요. 우리 아이들이 쓰는 학용품과 장난감에도 유해 물질들이 많이 사용되고 있습니다. 그래서 안전한 학용품을 어떻게 고를지 고민하게 됩니다. 학교 공간을 바꿀 때도 물리적 변화뿐만 아니라 내장재나 가구 같은 부분의 안전도 충분히 고려해야 합니다. 전국적으로 펼쳐지는 유자학교(유해물질로부터 자유로운 학교)를 통해 그 가능성을 모색해 보았습니다.

세 번째는 '교통안전'입니다. 민식이법으로 상징되는 안타까운 학교 앞 교통사고가 끊이지 않고 일어나고 있습니다. 이런 일의 재발을 막고자 다양한 국내와 해외 사례를 통해 새로운 대안을 모색해 보았습니다. 아이들 눈높이인 95센티미터의 시선으로 도로를 살피며 어린이 안전을 지켜 가는 세계적인 움직임과 초등학교 앞에 설치된 옐로 카펫을 통해 통학로와 우리 일상 공간의 교통안전을 새롭게 모색해 보았습니다.

네 번째는 '직업 안전'입니다. 바로 우리 일터 이야기지요. 지금은 학교에 다니는 친구들도 앞으로 사회에 진출하면 이 문제와 부닥치게 될 텐데요. 우리나라는 산업 재해가 많이 발생하는 나라입니다. 그만큼 기업의 문제의식이나 안전에 대한 투자가 부족한 실정이에요. 최근 개봉되었던 영화 〈다음 소희〉의 주인공이 겪은 일을 막기 위해서 필요한 것이 무엇인지 살펴보며, 안전한 일터 환경을 만들어 갈 방안을 찾아 보았습니다.

마지막 다섯 번째는 '직업병'과 '응급 처치'입니다. 우리는 일하다가 다치거나 병이 들면 다들 자기 탓으로 돌리는 경향이 있는데요.

주요 선진국들에서는 국가와 기업이 책임지고 있습니다. 우리나라도 민주화 이후 다양한 안전 대책이 마련되어 있어요. 어떻게 하면 일하다가 병이 드는 일을 막을지 제도적 측면과 함께 이와 관련한 다양한 아이디어를 이야기하려고 합니다.

'응급 처치'는 우리 생명과 직결되어 있습니다. 학교나 일터에서 심폐 소생술처럼 급작스런 상황에서 필요한 생존법을 배워요. 그런데 이런 특별한 경우가 아니더라도 응급 처치는 필요합니다. 우리는 보통 코피가 났을 때 목을 뒤로 젖혀서 피가 멎게 해야 한다고 알고 있잖아요. 그런데 이는 틀린 방법입니다. 고개를 앞으로 숙이고 코를 잡고 지혈해야 해요. 이처럼 '응급 처치' 부분에서는 우리가 잘못 알고 있는 상식을 바로 잡고 응급 상황에서 취할 수 있는 처치에 대해 알아보았습니다.

이 책을 마중물 삼아 재난의 시대에 안전을 새롭게 모색하는 실마리를 함께 열어가 보면 좋겠습니다.

배성호 드림

차례

1장

일상 속 안전과 사회적 재난

_ 김신범(노동환경건강연구소 부소장)

우리는 더 안전해질 수 있습니다

몇 년 전 우리나라에 스웨덴의 화학 물질 감독청KEMI 전문가들을 초대해서, 화학 물질 관리에 대해 토론한 적이 있습니다. 이 자리에 우리나라 환경부와 고용노동부 담당자도 초대해 자유롭게 궁금한 것을 서로 묻고 답하는 시간도 가졌습니다. 당시 우리나라는 메탄올에 의한 노동자들의 실명이 큰 사회 문제였습니다. 고용노동부 공무원은 스웨덴 전문가에게 물었습니다. "메탄올로 인한 실명 같은 화학 물질 사고 예방을 위해 스웨덴 정부는 어떤 노력을 하고 있나요?"

저는 어렵지 않게 답해 줄 것으로 기대했지만, 스웨덴 전문가들은 서로의 얼굴을 쳐다보며 난감해했습니다. 결국 머리를 긁적거리면서 매우 미안한 표정으로 이렇게 말하더군요. "우리도 예전에는 그런 사고가 있었겠지만, 너무 오래된 일이라 잘 모르겠습니다." 이 이야기를 들은 저와 우리나라 공무원들은 멍한 느낌으로 서로를 쳐다봤습니다. 화학 물질로 인한 중독 피해가 없는 사회가 있다는 것은 생각도 못 해봤기 때문이죠. 저는 이날 이후로 크게 변했습니다. 더 많은 상상이 필요하다는 생각이 들었습니다. 그래야 더 멋진 사회가 만들어질 수 있으니까요.

화학 물질은 좀 어렵습니다. 분자식, 주기율표, 화학 반응 이런 것을 떠올린다면 더더욱 어렵게 느껴질 겁니다. 그래서일까요? 화학 물질의 독성, 건강 관련 정보 등은 일상에서는 잘 접할 수 없습니다. 하지만 화학 물질로부터 안전한 사회를 만드는 데, 모든 국민이 이런 지식을 가져야 하는 것은 아닙니다. 우리 사회에 필요한 건, '안전을 미리 확인하는 태도'일 뿐입니다.

화학자는 새로운 화학 물질을 만들 때 이 물질을 어떻게 보관하고 취급해야 안전한지도 생각하고 확인해야 합니다. 기업에서 새로운 화학 원료를 사용할 때는 당연히 소비자에게 어떤 영향을 미칠지 따져 보고 안전한 원료만 사용해야 합니다. 그렇다면 소비자인 국민이 할 일은 무엇일까요? "이 제품 안전을 확인한 것 맞죠?"라고 질문하는 것입니다. 혹시 못 미더우면 안전을 확인한 제품이 맞는지 묻는 것입니다. 이미 우리나라 법에는 이렇게 질문할 권리가 보장되어 있습니다.

인류가 화학 물질을 본격적으로 사용한 것은 겨우 100년밖에 되지 않습니다. 그 위험성을 깨달은 것도 1962년 레이첼 카슨의 『침묵의 봄』이 출판된 이후입니다. 어떤 문제든 해결할 시기를 놓치면 대책 마련은 더 어려워질 것입니다. 화학 물질 문제를 일으킨 것이 지금의 기성세대라면 책임지고 문제를 해결하는 것도 기성세대의 몫이라고 생각합니다. 유럽에서 우리 세대에 끝내자는 목표(One Generation Goal)가 등장한 것도 바로 이러한 이유입니다.

2022년 불산 누출 사고와 그 이전에 있었던 가습기 살균제 참사 이후, 한국 사회는 달라지고 있습니다. 시민들이 정부 정책에 더 많이 참여하게 되었고, 기업과 소비자가 한자리에 모여서 제품 안전을 의논하고 있습니다. "안전을 확인했나요?"라는 시민의 질문이 정부와 기업을 움직이는 사회를 만들고 있습니다. 이 멋진 일, 함께 해주시겠습니까?

김신범 드림

선생님,
위험한 화학 물질을 알려 주세요

배성호 이번 시간에는 우리가 학교를 포함해서 일상 공간에서 마주하는 화학 물질 이야기를 나누어 보겠습니다.

김신범 안녕하세요, 반갑습니다. 노동환경건강연구소에서 화학 물질 관련 일을 하고 있는 김신범이라고 합니다.

배성호 일전에 선생님이 쓰신 책을 읽고 깊은 감명을 받았습니다. 잠시 그 내용을 소개해 주실 수 있을까요?

김신범 제가 약 20년 정도 화학 물질 관련된 연구와 활동을 이어왔는데요. 이 부분을 정리해서 책으로 펴냈습니다. 제목이 『화학물질, 비밀은 위험하다』인데요. 유해 물질에 관한 한 생산 공장부터 우리 일상까지, 노동자에서 소비자까지 쭉 이어져 있기 때문에 사실상 하나로 연결된 문제라는 말씀을 드리고 싶었습니다.

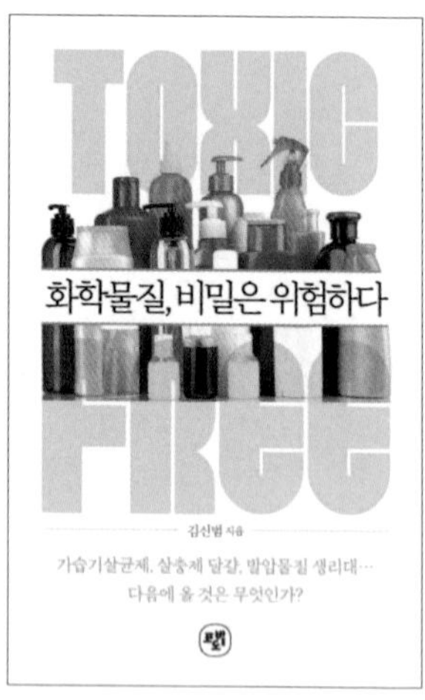

「화학물질, 비밀은 위험하다」 표지

배성호 선생님의 책은 방송에서도 다큐멘터리로 제작될 만큼 큰 화제를 불러 모았는데요. 그만큼 많은 사람들이 유해 물질에 관심을 갖고 있다고 보아야 할 듯합니다. 화학 물질은 정말 그렇게 위험한가요?

김신범 화학 물질 자체는 관리만 잘하면 문제 될 게 없습니다. 같은 화학 물질이라도 안전하게 쓰일 수도 있고 잘못 쓰일 수도 있어요. 화학 물질이 지능이 있어서 스스로 나쁜 짓을 하는 게 아니잖아요. 그걸 개발하고 사용하는 건 모두 사람입니다. 그러니 화학 물질을 두려워하기보다는 올바르게 사용하고 관리하지 않는 우리의 행동 자체를 바꿔 나가는 게 현명한 판단이라고 생각합니다.

배성호 화학 물질이 양날의 칼처럼 이롭게도 해롭게도 쓰일 수도 있는 존재로 보는 건가요?

김신범 그렇습니다. 다만 화학 물질로 인한 이로움이 있다면 반드시 위험도 따라온다는 걸 알아야 해요. 함부로 남용해서는 절대 안 됩니다. 이게 화학 물질을 사용하는 데 있어 지켜야 할 안전의 원칙이에요.

배성호 그렇군요. 제 개인적으로 화학 물질 관련 사고라면 '가습기 살균제 참사'가 첫 번째로 떠오릅니다. '사회적 참사 특별조사위원회'에 따르면 1994년부터 2011년까지 무려 627만 명이 이 물질에 노출되었으며 이 중 1만 4000명이 넘는 사망자가 발생하고 67만 명이 피해를 입은 것으로 나타난 대형 사건 아닙니까? 정말 아찔했던 게, 저도 두 아이의 아버지로서 당시 살균제를 쓸까 말까 고민했던 순간이 기억에 선명하거든요. 이런 유해 물질에 누구나 노출될 수 있다는 생각을 하면 섬뜩하기만 합니다. 앞으로 이런 안타깝고 끔찍한 사고가 일어나지 않게 하려면 어떻게 해야 할까요?

김신범 2016년도에 가습기 살균제와 관련된 국회 특별조사위원회가 만들어졌을 때 저도 전문가 위원으로 함께했습니다. 실태를 보고 깜짝 놀랐어요. 제조사조차 자기들이 만든 상품에 무슨 성분이 들어가는지 제대로 몰랐어요. 심지어 그게 큰 문제라고 생각하지 않더군요. 어떤 기업 대표는 그동안 비슷한 제품을 많이 만들었다, 그동안 별 문제가 없어 안전하다고 믿었다는 식으로 무책임하게 이야기를 했습니다. 저는 그런 사태를 지켜보면서 이번 참사는 단지 특정 독성 물질의 문제가 아니다, 화학 물질의 위험을 관리할 생각이 없었던 기업에 그 책임이 있다는 생각을 지울 수 없었습니다.

배성호 특별조사위원으로 함께하시면서 참 많은 생각이 드셨을 것 같은데요. 더 큰 문제는 유사한 사건이 되풀이된다는 사실 아닐까요? 예컨대 1950년대에 독일의 한 제약 회사에서 개발되어 임산부에게 판매한 탈리도마이드 성분 의약품 때문에 무려 1만 명의 기형아가 태어난 사건이 있었습니다. 그럼에도 우리나라에서 이런 참사가 다시 일어났지요. 왜 우리는 과거의 역사에서 교훈을 얻지 못하는 걸까요?

김신범 화학 물질에 의한 대형 참사는 과거에도 큰 충격을 주었습니다. 우리도 잘 알고 있는 일본의 미나마타병이나 이타이이타이병 역시 중금속 중독에 의한 질병 아닙니까? 우리는 그저 과거에 일어난 남의 나라 일로 여기지만, 우리가 겪은 가습기 살균제 참사와 본질적으로 다르지 않아요. 앞서 말씀하신 의약품은 안전성이 충분히 검증되지도 않은 상태에서 '이 정도면 됐겠지?' 하고 판매에 들어갔다가 생긴 참사였습니다. 전 세계로 이 상품이 팔려 나가 많은 아이들이 피해를 입었지만 미국에서는 이런 피해가 거의 없었습니다. 미국 식품의약국의 켈시 박사가 동물 실험 결과를 의심하고 이 약의 시판을 막으면서 피해를 입지 않았어요. 이 참사를 겪은 뒤로 독일은 화학 물질을 매우 엄격하게 관리하는 나라가 되었습니다. 그래서 저는 사회가 화학 물질 사고를 경험했을 때 제대로 반성하느냐 안 하느냐가 중요하다고 봅니다. 한국사회는 가습기 살균제 참사를 겪었으니 이제는 달라져야지요.

배성호 우리 생활에 편리함과 이로움을 주는 화학 물질이 엄청난 피해를 줄 수 있다는 점에 공감이 갑니다. 그런데 보통은 사람들이 의심을 안 하거든요. 저만 해도 시판되는 상품은 안전하겠거니 하고 믿고 넘어가요. 우리 사회가 전반적으로 화학 물질에 관대하다는 생각이 듭니다.

김신범 우리가 사용하는 물질이라면 안전을 철저하게 검증하는 게 맞아요. 그래야 소비자들이 걱정하지 않고 제품들을 쓸 수 있으니까요. 저는 그런 세상이 반드시 올 거로 봅니다. 왜냐하면 기업들도 소비자 눈치를 보지 않을 수 없거든요. 우리가 얼마나 꼼꼼하게 챙기느냐에 따라 우리 삶의 안전이 달라집니다. 막연히 두려워할 일이 아니에요. 이 물질은 위험하니까 더 잘 관리하자든가, 제조사에 해당 제품이 포함하는 유해 물질 점검을 촉구하자고 말해야 해요. 그러다 보면 어느 순간 기업들이 자체적으로 안전한 제품을 생산할 수 있을 거로 봅니다.

배성호 지금 내가 사용하는 제품이 안전한지를 제조사와 이를 관리할 책임이 있는 정부 기관에 확인해야겠지요. 그래서 유해 물질에 관한 한 '비밀'이 없도록 해야 한다는 선생님 말씀에 전적으로 동의합니다. 결국은 비밀을 해제하는 과정이 바로 우리 사회를 건강하게 만드는 길이라고 생각해요. 선생님께서 현재 활동하고 있는 '발암물질 없는사회만들기국민행동' 역시 같은 취지에서 만들어진 단체지요?

김신범 그렇습니다. 제가 2011년도쯤에 이 단체를 만들고 활동을 시작했는데요. 당시 저는 공장에서 발생하는 직업성 암을 연구하고 있었습니다. 마침 제 아이가 태어날 무렵이었어요. 엄마 뱃속에서 점점 자라나는 아이를 보는데 공장 화학 물질들이 우리 집 안에 있는 것이 눈에 뜨이기 시작하는 거예요. 가슴이 철렁 내려앉았습니다. 안되겠다 싶었어요. 사람들에게 유해 물질의 위험성을 알려야겠다고 마음먹었습니다. 노동자와 소비자를 연결하여 함께 대응해야겠다고 생각했지요. 그래서 노동조합, 생활 협동조합 등을 찾아다니면서 함께 발암 물질을 없애자고 호소했어요. 국민행동은 그렇게 해서 만들어진 단체입니다.

배성호 저는 단체의 존재를 교과서를 통해 알게 되었는데요. 정부의 역할이 중요하지만 모든 걸 다 할 수 없는 게 현대 사회이고 이때 시민 단체의 역할이 중요하다는 내용이었습니다. 거기에 대표적인 사례로 선생님과 함께했던 단체의 활동이 소개되었어요. 이런 부분들이 더 확산된다면 우리 사회가 더 안전해지지 않을까 생각했습니다. 다시 선생님 책 이야기를 조금 하자면요, 미국 매사추세츠주의 우번을 예로 드셨는데요. 저는 그동안 매사추세츠 하면 아름다운 자연풍광쯤으로 알고 있었거든요? 그런데 실상은 조금 달랐습니다.

김신범 말씀하셨듯이 매사추세츠주의 대표적인 도시인 보스턴에는 대학도 있고 자연 풍경도 아름답습니다. 하지만 보스턴은 미국에서 공장 지대가 가장 일찍 형성된 지역이기도 해요. 과거에는 미국에서 가장 더러운 도시라는 오명도 있었죠. 보스턴 북쪽 우번은 공장 지역이었습니다. 그런데 여기서 1960년대부터 아이들이 집단으로 백혈병에 걸리는 사건이 발생해요. 원인은 지하수 오염이었습니다. 식

수가 공장 폐수에 오염되었던 거예요. 그나마 다행인 것은, 그날 이후 이 지역은 안전을 지키기 위해 큰 노력을 기울입니다. 지금은 가장 안전하고 멋진 도시로 거듭 났어요. 미국에서도 손꼽히는 깨끗한 도시가 되었어요.

배성호 선생님 책 덕분에 저도 자료 조사차 보스턴에 다녀온 적이 있어요. 주변 자연이 정말 아름답더군요. 그 속에서 참혹한 사건을 떠올리기는 쉽지 않았습니다. 그만큼 많은 사람들의 노력이 있었다는 뜻이겠지요. 유해 물질의 위험성을 극복한 대표적인 사례입니다.

플라스틱에 유해 물질이 숨어 있어요

배성호 선생님은 어린이 생활 환경 속에서 피브이시PVC를 없애자고 하셨잖아요. 이 자리에서 취지를 잠깐 설명해 주실 수 있을까요?

김신범 PVC는 매우 널리 쓰이는 플라스틱 물질입니다. 그만큼 쓸모가 있다는 뜻이지요. 지우개에서 자동차 창틀까지 광범위하게 쓰여요. 현재 PVC는 고무 재질을 대체하고 있습니다. 이유는 특유의 부드러움 때문입니다. 그런데 원래는 딱딱하고 부스러지기 쉬운 소재예요. 여기에 첨가제를 넣어서 부드러워진 거죠. 문제는 바로 이 첨가제가 정말 위험한 환경 호르몬이라는 거예요. 아시겠지만 환경 호르몬은 우리 몸의 균형을 깨뜨립니다. 성 조숙증이나 불임, 기형아

안전한 학용품 구매와 PVC 없는 환경을 위한 캠페인 선포식 장면(2015년 5월).
©발암물질없는사회만들기국민행동

출산과 생식기 암 등의 요인이 돼요. 그만큼 위험한 화학 물질입니다. 당연히 아이들이 멀리해야 하고요.

배성호 널리 쓰이는 플라스틱 제품에 들어가는 첨가제가 우리 몸에 치명적이라니 매우 충격적인데요. 좀 더 자세히 말씀해 주실 수 있을까요?

김신범 플라스틱을 부드럽게 하는 성분의 이름은 바로 프탈레이트입니다. 이 물질 관련 연구 자료는 굉장히 많아요. 대표적으로 소변 중에 프탈레이트 농도가 높게 나온 여성의 유산 확률이 일반인에 비해 세 배 정도 높다는 연구 결과가 있어요. 암과의 연관성에 대한 연구도 있습니다. 놀라운 사실은 경제 수준이 높은 나라에서 이런 암 발생이 많다는 겁니다. 경제 수준이 높은 나라가 플라스틱을 더 많이 사용하고 생활 중에 사용하는 화학 물질도 더 많기 때문이죠. 예전에 암 발병 원인에 대해 잘 몰랐을 때는 그저 하늘이 내린 벌인 '천형'으로 알았습니다. 암에 걸리면 자기 자신을 탓했어요. 하지만 지금은 연구가 활발해지면서 생활 속 화학 물질도 암을 일으키는 중요한 원인으로 여겨지고 있습니다.

배성호 잘사는 나라 하면 저희는 보통 북유럽 나라 같은 복지 국가를 떠올리잖아요. 이런 나라들은 사회 복지가 잘 되어 있어 암 발병률도 낮을 거 같은데 그렇지 않은가 보네요.

김신범 그렇습니다. 북유럽에서 계속 증가하고 있는 암이 여성의 유방암과 남성의 고환암인데요. 이 부분은 성호르몬과 관련이 있습니다. 생식기 계통의 물질들을 관리하는 성호르몬이 교란되면서 암이 발생해요. 그런데 만약 어렸을 때부터 환경 호르몬에 노출되면 그럴 가능성이 높아집니다. 처음에는 성조숙증이 찾아왔다가 그 다음에는 유방암이나 고환암 같은 것으로 발전하게 되는 거예요. 통계적으로 환경 호르몬 노출이 암과도 상관 관계에 있다고 할 수 있습니다.

배성호 저도 학교 현장에 있다 보니 말씀하신 사례가 점점 많아지고 있다는 걸 실감합니다. 우리나라도 이러한 환경 호르몬 문제가 점점 심각해지고 있지요?

김신범 자료를 보면 지난 80년 간 아이들 초경 나이가 2년이나 빨라졌어요. 그런데 그 2년 중에서 1년이 최근 10년간 앞당겨진 겁니다. 우리나라 소아과 선생님들이 가장 걱정하는 부분입니다. 이게 무얼 의미하는 걸까요?

배성호 앞으로 여기에 대한 대책도 절실해 보입니다. 그런데 선생님, 일전에 학교에서 학생들과 직접 만나 보셨잖아요. 그때 화학 물질에 대한 아이들 생각은 어떻던가요?

김신범 처음에는 걱정을 많이 했는데 오히려 제가 더 많이 배웠습니다. 어린 나이라 잘 모를 거로만 생각했던 거예요. 제가 만난 아이들 역시 충분히 위험성을 알고 있었습니다. 농약이나 중금속 등에 대해 충분히 경각심을 갖고 있었어요. 언론 등을 통해 많이 접한 듯했습니다. 그러면서 자신들이 사용하는 제품에 대해서도 안전성을 의심하고 있었습니다.

『선생님, 유해 물질이 뭐예요?』 표지.
이 책은 초등학교 학생들의 화학 물질에 대한 질문과 김신범, 배성호 선생님의 수업 내용이 계기가 되어 만들어졌다.

배성호 저도 옆에서 함께 지켜보았는데요. 수업 시간에 "선생님 우리 집은 모기향 켜 놓고 자는데 괜찮아요?" 같은 질문이 쏟아졌습니다. 선생님께서 하나하나 친절하게 설명해 주셨는데 저는 그 부분이 참 인상적이었어요. 아이들 눈높이에서 화학 물질의 유해성을 알리기는 쉽지 않잖아요.

김신범 사실은 저도 쩔쩔맸습니다. 첫 번째로는 아이들이 정말 깊은 관심을 갖고 있다는 사실에 놀랐고 두 번째로는 그동안 아이들에게 유해 환경 이야기를 하면서 정작 당사자인 아이들 눈높이에 맞추는 법을 잘 몰랐구나 싶었기 때문입니다. 그래서 아이들에게 유해 물질에 대해 알려주는 『선생님, 유해 물질이 뭐예요?』라는 책을 쓸 때는 막연한 공포감을 심어 주기보다 어떻게 하면 이 물질들을 잘 관리할 수 있는지, 어떻게 위험에서 벗어날지를 알리고자 애썼어요. 또한 이 이야기를 어떻게 하면 쉽고 바르게 전달할 수 있을지 고민했습니다.

배성호 아이들이 정말 많은 질문을 했는데, 중요한 건 그러면서 함께 답을 찾아 나갔다는 점이 아닐까 합니다. 그래서 저는 수업 말미에 선생님이 하신 말씀이 정말 고마웠어요.

김신범 기억납니다. 아이들에게 미안하다고 했었죠. 당연한 일입니다. 지금 아이들이 겪는 화학 물질 문제는 저 같은 어른 세대가 만든 거예요. 우리나라가 화학 물질에 둘러싸인 게 사실은 그리 오래되지 않았어요. 중화학 공업을 적극적으로 육성하기 시작한 1960년대 이후라고 할 수 있지요. 저 역시 그 혜택을 받고 자란 70년대 생이고요. 이런 문제를 더 이상 아이들에게 물려주어서는 안 되겠다는 생각입니다. 그러려면 지금 당장 변화를 만들어야지요.

배성호 그날 나온 질문 중에 저도 정말 궁금한 게 있었어요. 그중에 새 차 샀을 때 내부에 비닐이 덮여 있잖아요. 그거 뜯어야 하느냐 말아야 하느냐 하는 이야기도 나왔습니다. 보통은 뜯어내기도 하고 새 차 기분을 오래 느끼려고 그냥 쓰기도 합니다. 어떤가요? 이 역시 환경 호르몬 때문에 위험할까요?

김신범 사실 위험하죠. 그런데 그 '위험'이라는 게 당장 바로 느낄 수 없는 것이다 보니 사람들이 긴장을 안 하는 경향이 있어요. 우리가

'새집 증후군'은 잘 알잖아요. 언론에도 나왔고 실제로 많은 분들이 겪었죠. 이와 마찬가지로 지금 '새 차 증후군'이 알려지고 있어요. 의사들은 이를 '화학 물질 과민증'이라고 하는데요. 화학 물질에 노출되면서 두통이나 피로감, 불안 등을 느끼는 증상입니다. 사람마다 다르긴 하지만 어쨌든 새로 산 차는 각종 화학 물질로 뒤덮여 있을 가능성이 크니 환기도 잘 시키고 덧씌운 비닐 같은 플라스틱 물질은 일찌감치 없애는 게 건강에 좋습니다.

배성호 말씀을 나누다 보니 자꾸 궁금한 것들이 생기네요. 최근에 구김 방지 처리한 옷들이 많이 나오잖아요. 사용해 보면 정말 편리하고 좋아요. 빨래를 하고 말리자마자 바로 입어도 되니까요. 그런데 좀 더 알아보니까 구김 방지 처리에도 약품이 사용되고 여기에 유해 물질이 있더라고요. 충격적이었던 건 포름알데히드라는 발암 물질이었어요. 또 하나는 바로 영수증이에요. 보통 하루에 영수증을 한 번 이상 안 만지는 사람이 없잖아요. 저도 연말 정산하거나 비용 처리를 할 때 영수증을 손으로 만지고 붙이고 합니다. 심지어 입에 문 채 전화를 걸기도 하고요. 그런데 조사를 해보니 여기에도 위험한 물질이 들어 있었어요.

김신범 네, 알면 알수록 조심할 수밖에 없습니다. 저도 이 일을 하기

전에는 영수증 만지는 데 별로 신경을 쓰지 않았습니다. 그러다 마트에 있는 계산원 노동자 사례를 연구하면서 조심하게 됐죠. 이분들이 직업상 영수증을 수시로 만지잖아요. 그중에서 맨손으로 작업하신 분들은 퇴근할 때 보니까 소변에서 비스페놀 에이 성분이 상당히 많이 검출돼요. 장갑을 끼고 일한 분들은 그렇지 않았죠. 비스페놀 에이는 아주 위험한 환경 호르몬 물질입니다. 그래서 요즘은 이 비스페놀 에이나 환경 호르몬이 없는 영수증을 만들자는 움직임이 있어요. 안전을 위해서라도 일하시는 분들이 꼭 장갑을 끼거나 업무 후에 손을 깨끗이 씻어야 합니다.

배성호 워낙 익숙해서 잊는 경우가 많은 것 같아요. 돈이라면 여러 사람 손을 탔으니 더러울 거라고 생각합니다. 그래서 장갑을 끼거나 만지고 나서 손 씻는 일이 자연스러워요. 그런데 정말 영수증은 생각을 잘 못 해요. 우리가 좀 더 민감해져야 하겠다 싶습니다. 하지만 이렇게 개인적으로 대응하는 데는 한계가 있을 거라는 생각도 들어요. 우리가 조심해야 할 것도 있지만 애초에 이런 물질들이 제대로 관리되게끔 제조사와 관리 주체에게 요구해야 할 필요가 있지 않을까요?

김신범 물론입니다. 세상은 그냥 좋아지지 않습니다. 나 혼자 조심한다고 될 일도 아니고요. 말씀하셨듯이 익숙하고 편한 일은 웬만해서는 바꾸기가 힘들어요. 예전에는 길거리에서 담배를 피우는 사람들이 많았습니다. 꽁초를 아무 데나 버리는 데 익숙해서 사람들이 지나다니는 길에 휙휙 버리고 그랬어요. 그런데 지금은 그러지 않죠. 꽁초를 함부로 버리는 일은 부끄러운 일이라는 생각이 퍼져 나갔고, 누군가 나를 보고 있을 수 있다는 생각도 하게 되었기 때문이죠. 무슨 말씀을 드리고 싶은 거냐면, 그만큼 감시의 손길이 필요하다는 거예요. 우리가 위험한 물질에 둘러싸여 있다면 누군가는 안전한지 아닌지 살펴봐야 합니다.

보통은 정부가 그 역할을 하죠. 그런데 정부가 제대로 못 하거나 이 문제에 무지하다면 어떻게 할까요? 당연히 주권자인 국민이 나서서 요구해야 합니다. 우리 헌법은 국민이 질문할 권리를 '청원권'으로 보장하고 있어요. 환경 오염을 해결하기 위한 환경법의 핵심이 바로 이 청원권입니다.

사회 분위기 즉, 문화적 측면도 중요합니다. 우리는 무엇이 위험한지 알지 못하기 때문에 끊임없이 질문을 해야 해요. 그러려니 하고 지나치는 대신 하나하나 꼼꼼히 살피는 태도야 말로 안전 문화의 핵심이라고 할 수 있습니다.

사회적 재난, 화학 물질 유출 사고

배성호 이번에는 주제를 조금 넓혀 보고자 하는데요. 우리가 보통 '사회적 재난'이라고 일컫는 문제입니다. 화학 물질로 인한 피해가 다양하지만 그중에서도 대량 유출로 많은 사람들이 한꺼번에 피해를 입는 사례가 속출하고 있습니다. 예를 들어 2012년에 경상북도 구미시 산업 단지에서 불산(불화 수소산) 가스가 누출되는 사고가 발생했습니다. 이 사고로 노동자 다섯 명이 사망하고 18명이 부상을 당했어요. 공장 일대 농작물이 말라붙고 가축들이 죽는 등 심각한 피해가 있었고 주민들은 긴급하게 대피를 해야 했습니다. 불산은 폐와 심장은 물론 뼈까지 상하게 하는 치명적인 물질이에요.

당시 언론에도 소개되었지만 시간이 지나면서 조용해진 것 같은

데요. 당시 위험성이 어느 정도였습니까?

김신범 제가 목격한 현장 상황은 매우 참혹했습니다. 노랗게 말라 죽은 농작물 앞에서 주민들은 극도의 공포를 느꼈죠. 가스에 노출된 주민과 공단 노동자 1300여 명이 고통을 호소해 치료를 받을 정도였으니까요.

배성호 정말 끔찍했군요. 이와 비슷한 사건으로 인도 보팔시 참사가 떠오릅니다.

김신범 이 사건은 1984년 미국 화학 기업인 유니언 카바이드의 인도 공장에서 화학 물질이 유출된 사고였습니다. 인도는 인구가 상당히 많잖아요. 실제로 공장 주변도 밀집 주거 지역이었습니다. 가스 누출로 3700여 명이 그 자리에서 죽고 1만 6000명에 이르는 사람들이 후유증으로 사망했습니다. 인류 역사상 최악의 사회적 재난으로 기록되고 있습니다.

배성호 우리가 사회적 재난을 이야기할 때 특히 화학 물질 유출 사고에 주목하는 이유는 무엇일까요?

김신범 지금까지 우리는 홍수나 지진 같은 자연재해에 대한 대응에 주력해 왔습니다. 그런데 사회가 복잡해지면서 인간의 잘못으로 인한 재해가 점점 많아졌어요. 그중에서도 화학 물질 유출 사고는 그 규모가 크고 후유증도 만만치 않아서 우리가 중점적으로 관리해야 할 사회적 재난의 대표 격이 되었어요.

저는 환경부와 함께 전국 30여 개 지자체들의 화학 사고 대비 체계를 만드는 일에 참여하고 있습니다. 그런데 이때 꼭 등장하는 게 학교예요. 포름알데히드나 불산 같은 치명적인 화학 물질을 취급하는 사업장에서 불과 1킬로미터 반경도 안 되는 곳에 초등학교가 있어요. 저는 깜짝 놀랄 수밖에 없었습니다. 그런 곳에 학교를 짓다니 말이에요. 사고에 바로 노출되는 거잖아요. 저는 학교나 공장을 옮길 수 없다면 확실한 사고 대비 체계를 만들자고 했습니다.

배성호 그래서는 안 되겠지만 만약에 사고가 발생하면 어떻게 대처해야 하나요?

김신범 화학 물질이 유출됐다면 곧바로 실내로 대비해야 합니다. 그런데 이때 주의해야 할 게 있어요. 여름 같으면 더우니까 에어컨을 틀 수 있어요. 그러면 절대 안 됩니다. 외부 공기가 실내로 유입되기 때문이에요. 화학 물질도 당연히 같이 들어옵니다. 그러니까 이때는 모든 창문을 닫고 에어컨도 차단하고 기다려야 해요.

또 하나는 학부모를 안심시키는 것입니다. 사고 소식을 듣고 학부모들이 모여들면 혼란이 야기될 수 있어요. 차량이라도 정체된다면 소방서 등 사고 대비 기관들이 움직일 수가 없습니다. 그러니 학교와 관련 기관을 믿고 기다려야 해요.

배성호 그렇죠. 사고 현장에 몰려든 차량 때문에 구조 활동이 제대로 이루어지지 못하는 사례가 많습니다.

김신범 질서 있고 빠른 대피가 중요해요. 제가 수원시에서 화학 사고 관리위원회 일을 하면서 버스 회사나 택시 회사와 협력 계약을 체결하자고 제안했습니다. 왜냐하면 학교나 양로원이나 병원 같은 시설에 있는 분들을 빨리 이송시켜야 하기 때문이에요. 그러려면 사고 현장에 차량이 잘 접근할 수 있어야 합니다. 개별 이송은 위험해요. 전체의 안전을 먼저 생각해야 합니다.

배성호 각자도생하다 보면 다함께 힘들어질 수 있다는 점을 꼭 기억해야겠네요. 그런데 말씀하셨다시피 공장 주변에 학교나 병원 같은 시설이 함께 들어서는 건 정말 피해야 할 것 같네요.

김신범 위험하죠. 발암 물질을 취급하는 공장이 있다면 근처 주민이 위험에 노출되는 건 당연해요. 실제로 주거지에 있는 아스콘 공장 이전을 요구하는 학부모들과 지역 주민들의 목소리가 언론에 소개되기도 했었죠. 시민들도 화학 물질의 위험성을 잘 알고 있습니다. 아스콘 공장에서는 1급 발암 물질인 벤조피렌, 벤젠 같은 유해 물질이 나옵니다. 그런데 전국에 많은 아스콘 공장들이 도심에 위치해 있어요. 이들을 모두 주거지 바깥으로 옮길 수 없다면 최소한 우리 지역에 이런 곳이 있다는 사실 정도는 알려야 하지 않을까요? 교육청과 지자체가 연계해서 공장 이전을 추진하거나 엄격한 환경 관리 의무를 공장 측에 부여하는 것도 좋은 방법이겠지요.

배성호 교육 과정에서도 이런 것들을 담아낼 수 있을 것 같습니다. 학생들과 함께 지역 환경 문제를 논의하고 관련 기관에 조치를 요구하는 거죠. 막연히 안전의 필요성을 알리는 것보다는 이렇게 몸으로 느끼게 하는 것이 중요하다고 생각합니다. 안전이야말로 내 생명과 직결된 문제니까요.

김신범 그렇습니다. 그렇게 교육을 받은 아이들은 어른이 되어서도 사회적 재난을 예방하는 데 큰 역할을 할 거라고 봅니다. 사실상 정부가 모든 것을 다 관리할 수는 없습니다. 일반적으로 사고가 발생하고 난 후에도 시민들의 협력에 따라 회복력이 달라져요. 학교에서 문제 해결 과정을 이해하고 민주 시민으로서의 역량을 키워 낸다면 우리 사회의 재난 대응 능력도 한 차원 높아질 거로 봅니다.

배성호 실제로 사고 현장에 출동하신 적도 있다고 들었습니다.

김신범 네. 몇 년 전 아파트 단지 옆에 있던 염산 운반 차량 탱크에 구멍이 뚫리면서 그 안에서 염산이 흘러나오는 사고가 있었습니다. 당시 소방관들이 출동해서 흡착포로 염산을 제거했는데, 작업이 순조롭지가 않았어요. 제가 소방대장에게 물어보니 다 쓴 흡착포를 싣고 갈 차량이 없는 거예요. 이분들이 현장을 정리하고 가야 하는데 시청 쪽과 잘 협의가 안 된 모양이에요. 제가 시청 담당자와 의논해서 트럭을 수배해서 마무리할 수 있었어요. 수원시에서는 이 일을 겪은 후에 화학 사고에 대비하는 체계를 제대로 구축하기 시작했어요.

배성호 다행히 잘 해결되긴 했습니다만 아쉽네요. 지역에 따라 사고 대응 체계가 잘 잡혀 있는 곳도 있고 그렇지 않은 곳도 있는 듯해요.

김신범 맞습니다. 아직까지 부족한 점이 많아요. 지자체마다 대응 체계가 다르다 보니 혼선도 있습니다.

배성호 시민 입장에서는 어떻게 하는 게 좋을까요. 뭔가 현장에서 도울 수 있는 일이 있나요?

김신범 사고 현장은 매우 위험합니다. 간혹 호기심에 사고 현장으로 모이는 분들이 있는데 큰일 납니다. 화학 물질은 공기 중으로 쉽게 전달되니까요. 냄새가 난다는 건 이미 해당 물질이 우리 코에 도달했다는 뜻이에요. 그러니까 절대 가까이 가지 마시고 학교라면 교실로, 집이라면 실내로 대피해 주세요. 앞서 말씀드렸듯 외부 공기가 유입될 수 있는 행위는 삼가해야 합니다. 그래야 안전을 지킬 수 있어요.

배성호 일단 안내 방송이라든가 관계 당국의 지시에 따라야겠군요.

김신범 그렇습니다. 사고 지점으로부터 벗어나려고 밖으로 나오는 것도 바람직하지 않아요. 유출된 화학 물질이 높은 농도로 뭉쳐 있을 수 있거든요. 이때 외부에 있다가 노출될 가능성이 있으니 일단은 안전한 실내에서 대기하셔야 합니다. 그리고 지자체의 안내를 기다려야지요.

화학 물질 유출 사고 시 대피 요령은 두 가지가 있습니다. 하나가 방금 말씀드렸듯이 외부 공기가 유입되지 않은 실내로 가시는 거고요. 다른 하나는 유해 물질이 떠도는 곳에서 멀리 떨어지는 거예요. 그곳이 어딘지 잘 모르겠다 싶으면 그냥 실내에만 있어도 됩니다. 큰 사고가 발생하면 보통은 지자체에서 시민들에게 대피 방법을 안내해 줍니다. 여기에 잘 따르면 됩니다.

배성호 대형 참사에 대비한 대피 시설도 있을 텐데요. 이런 시설은 언제 이용하게 되나요?

김신범 최근 대피 장소를 지정하고 공개하는 지자체가 늘고 있습니다. 평소 잘 확인해 두셨다가 그쪽으로 이동하시는 게 좋습니다.

배성호 학교 시설의 경우 지역 주민들의 대피 장소로 많이 지정되어 있습니다. 학교 체육실 같은 경우 구조 본부로 사용되기도 하고요. 이런 곳을 평소에 눈여겨보면 되겠군요. 알겠습니다.

안전 감수성을 길러요

배성호 화학 물질 누출 사고 등은 예방이 가장 좋지 않겠습니까. 이와 관련한 시민 활동이 있을까요?

김신범 지역 환경 단체나 시민 단체에서 관련 활동을 하고 있어요. 이 분들은 지역 사회에서만 움직이는 게 아니라 관공서와 협력하기도 해요. '화학사고 지역대비체계 전국 네트워크'라고 해서 환경부와 지자체·시민 사회단체가 함께하는 민관 협력 체계도 만들어져 있습니다. 여기 가서 보면 굉장히 열심히 공부하고 토론해요. 한 지역이 모범적으로 잘 운영된다 싶으면 타 지역에서 배우러 오기도 합니다. 예산은 어떻게 확보하고 있는지, 지역 위험 시설 관리 현황은 어떤

지 서로 공유합니다. 관심이 있으신 분들은 해당 기관에 문의를 해도 좋을 것 같아요.

배성호 위험 시설이 많은 곳은 거기에 관심을 갖고 활약하는 시민들이 많이 있겠군요.

김신범 그렇습니다. 전국에 200개가 넘는 지방자치단체가 있지 않습니까? 근데 저마다 사정이 달라요. 어느 곳은 화학 물질 시설이 없는 곳도 있고 밀집해 있는 곳도 있습니다. 서울은 그런 시설이 드문 지역에 해당해요. 그래서 특별히 화학 물질 노출에 위험한 지역을 60군데 선정해서 발표하기도 했습니다. 우리 지역이 그 안에 있다면 대피 요령이나 장소 등에 대해 미리 알아 두시면 좋겠지요.

배성호 만에 하나라도 그런 사고가 생겼을 때, 미리 준비한 사람과 그렇지 않은 사람은 다르겠지요.

김신범 사고가 났을 때 당황하지 않는 게 중요합니다. 공포심 때문에 더 큰 피해로 이어지는 일이 많아요. 지자체 안내에 따라 행동하시는 게 가장 좋습니다. 관련 정보가 공개되어 있으니 잘 살펴보면 알 수 있을 거예요.

배성호 선생님이 참여하고 계시는 '화학안전정책포럼' 같은 경우도 그런 노력의 일환이겠지요?

김신범 결국은 우리가 안전을 위해 노력한 만큼 사회가 안전해지는 것 아니겠습니까? 하지만 바쁜 보통의 시민들이 일일이 참여하기란 쉬운 일은 아니지요. 그래서 기업과 정부가 함께 모여서 서로의 이야기를 듣고 토론할 수 있는 공간이 필요하다고 생각했습니다. 그랬을 때 더 많은 사람들이 관심을 갖고 대응책을 만들 수 있다고 보았습니다. 다행히 환경부가 나서서 민주적인 공론장을 만들었습니다. 온라인으로 중계해서 투명하게 그 과정을 공개하고 있고요.

화학 물질 누출 사고를 비롯한 사회적 재난은 회복력이 중요한 문제라고 저는 생각합니다. 영화를 보면 재난이 발생할 때 시민들이 힘을 모아 대처하는 모습이 많이 등장하죠? 정부의 예산이나 조직은 평상시에 맞춰져 있기 때문에 사고 대응에 충분하지가 않아요. 시민들이 개별적 대응에서 한걸음 더 나아가 공동체 차원에서 행동에 나서야 한다고 봐요. 그게 우리 모두가 안전해지는 길이라고 생각합니다.

배성호 해외의 사례를 보더라도 그렇습니다. 2005년에 대형 허리케인이 미국 뉴올리언스 지역을 강타했을 때 큰 피해가 있었음에도 정부가 거의 손을 못 쓰지 않았습니까? 이때 타 지역 시민들이 직접 나서서 재난 지역 시민들을 도왔어요. 온라인 커뮤니티 등을 통해 생활 필수품을 지원한다던가 하는 모습을 보여 주었습니다.

사전에 대비했더라면 좀 더 희생을 줄일 수도 있지 않았을까 하는 안타까움이 있습니다. 만약 주변에 위험 시설이 있다면 미리 대비책을 확인하고 대비책이 없다면 관공서에 요청하는 것이 필요할 거 같아요. 안전은 이제 개인의 문제가 아니니까요. 이러한 실천이 사회적 재난을 막는 출발점이 아닐까 해요.

김신범 넓게 보면 안전은 결국 존중과 배려입니다. 타인과 함께 살고자 하고 서로 피해를 주지 않으려고 노력하는 사회는 안전합니다. 그리고 이처럼 함께 살려고 노력하는 사회는 어떤 재난도 대응할 수가 있습니다. 안전 교육이라는 것이 단순히 대피 방법이나 처치법을 알리는 데 머물러서는 안 되는 이유가 그와 같아요. 상대를 배려하고 우리가 함께 안전을 지킨다는 생각이 넓게 퍼져야 합니다. 교육도 이 부분에 초점이 맞춰져야 하고요.

배성호 안전 교육의 패러다임이 중요하다는 말씀에 저도 공감합니다. 위험을 줄이고 사고 대처 방법을 익히는 기초 안전 교육도 중요하지만, 안전 자체에 대한 인식, 즉 '안전 감수성'을 키워 나가야 할 필요도 있어요. 시민의 역할에 대해서도 생각해 보아야 하고요.

김신범 재난 영화를 보면 자기만 살려고 다른 사람을 위기에 빠뜨리는 사람이 있는 반면 희생을 무릅쓰고 타인을 구하는 사람도 있습니다. 이런 영화를 보고 나면 우리가 무엇을 깨닫습니까? 결국 중요한 건 재난을 대하는 사람들의 태도라는 거예요. 민주적이고 서로를 배려하는 사회는 재난에 강하고 회복이 빠릅니다.

배성호 2007년에 충청남도 태안에서 삼성 유조선 기름 유출로 온 바다가 검게 뒤덮였을 때가 생각나네요. 그때 전국에서 시민들이 찾아와 자원봉사를 하는 등 재난 대응에 발 벗고 나서지 않았습니까? 방송을 본 많은 이들에게 희망을 심어 주었어요.

김신범 국민들이 없었다면 아직도 태안 바다에는 기름 떼가 떠다닐지도 모릅니다.

배성호 저도 텔레비전을 통해 보았습니다만, 참 감동이었어요. 시민 참여가 기적을 이룬 현장이었어요. 그렇다면 평소 우리가 이런 일이 생기기 전에 안전과 관련해서 어떤 질문을 던져야 하는지 좀 더 자세히 이야기해 주시겠습니까?

김신범 시민이 질문하는 사회여야 한다고 앞서 말씀드렸는데요. 그랬을 때 기업과 나라가 움직이기 때문입니다. 우리는 어떤 기업이 만든 상품에 대해 "안전합니까?" 하고 물을 수 있어야 합니다. 마찬가지로 국가 관리 시설에 대해서도 정부에 같은 질문을 던져야 하고요. 이건 시민으로서의 권리입니다.

기업은 제품 안전을 좀 더 꼼꼼하게 살펴야 하고 국가는 시설 관리 감독 및 사회 재난 대비 체계를 갖추어야 해요. 그러려면 예산을 확보하고 인력을 배치해야겠지요. 이런 것들이 제대로 이루어지고 있는지 시민들이 묻고 확인해야 합니다.

배성호 안전의 시작은 질문이라는 말씀을 해주셨는데요. 우리가 질문을 통해 현재를 점검하고 미래를 열어 가는 것이야말로 안전한 사회로 가는 올바른 길인 것 같습니다.

모기향보다 모기장이 좋아요

배성호 이번에는 주제를 좁혀서요. 우리가 일상에서 만나는 화학 물질 이야기를 해볼까요?

김신범 우리는 화학 물질에 둘러싸여 살아간다고 해도 과언이 아닐 만큼 많은 물질에 노출되어 있습니다. 집에서 쓰는 각종 청소용품과 가구들, 각종 건축 자재들이 전부 다 화학 물질입니다. 아이들 학용품과 장난감도 그렇고요. 우리 생활 곳곳에 화학 물질이 넘쳐나고 있는 상황이에요.

배성호 보통 아침에 일어나서 맨 처음 하는 일이 세수 아닙니까? 비누칠을 하고 머리를 감고 양치를 하는 순간에도 화학 물질이 함께 하지요. 그런데 제가 일상 속 화학 물질 조사를 하면서 가장 놀란 건 주유소였어요. 주유소가 그렇게 위험한 곳인 줄 몰랐거든요. 그런데 독일에서는 이미 주유소마다 경고 표시를 하고 있더군요.

김신범 주유소에는 휘발유가 있습니다. 휘발유에 함유된 벤젠은 발암성 물질입니다. 그래서 독일 같은 곳은 경고 표시를 하는 거고요. 표시도 아주 구체적이어서 피부를 자극한다거나, 화재 위험이 있다거나, 폐에 안 좋다거나 하는 것들을 직관적으로 알리고 있어요. 생활 현장 곳곳에 이런 표시를 함으로써 우리가 안전하게 생활하게끔 돕는 거죠.

배성호 우리도 그래야 하는 것 아닌가요? 한국 주유소가 독일보다 특별히 안전한 건 아니잖아요.

김신범 그래야 하지만 법적으로 강제되어 있지 않아요. 그러니 사업주가 굳이 표시를 안 하죠. 공장에서 쓰는 화학 물질에는 우리도 표시하게끔 되어 있어요. 그래서 시민 사회단체에서도 정부에 계속 요구하는 중입니다. 곧 도입하지 않을까 예상하고 있어요. 세계적 흐름에 비해 우리가 조금 느린 편입니다.

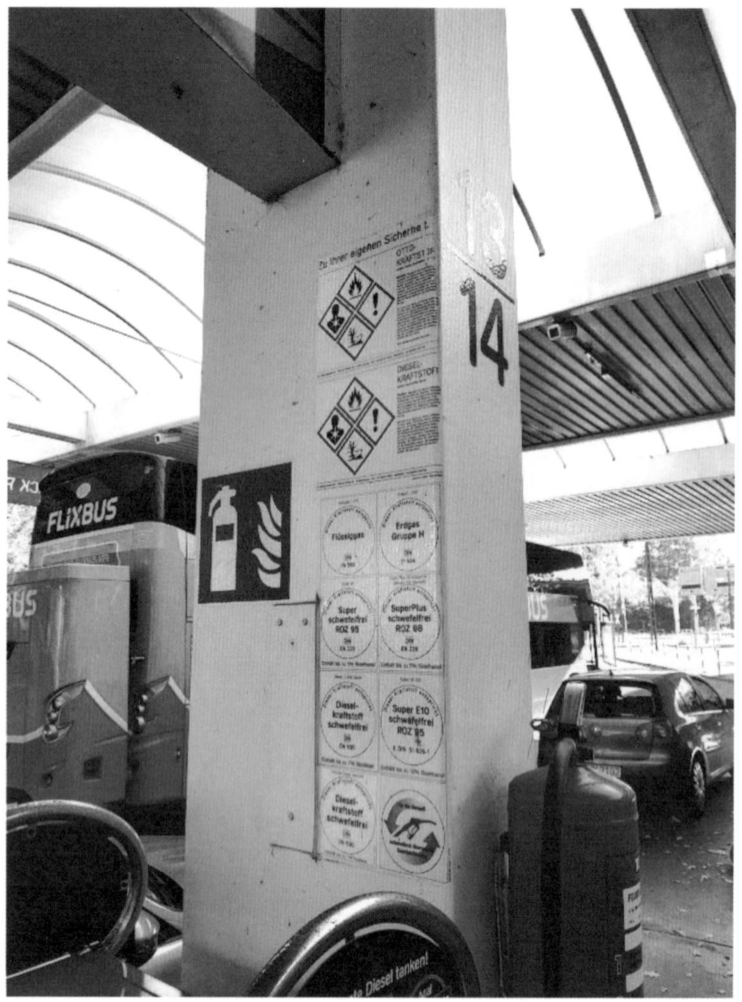

독일에 있는 주유소의 위험 물질 경고 표시. ©김신범

배성호 그러면 우리가 주유소 같은 곳을 방문할 때 조심해야 할 필요가 있겠네요. 운전자가 아니어도 방문할 때가 있을 텐데요. 이때 유의 사항이 있을까요?

김신범 제가 많이 당부 드리는 것 중에 하나가 아이들이 동석했을 때 특히 조심하라는 겁니다. 어린아이들 몸에서는 계속해서 새로운 세포가 만들어지잖아요. 특히 뇌나 혈액을 만드는 골수 조직 등은 유해 물질에 매우 민감해서 암에 걸리기 쉽거든요. 그러니까 주유소 같은 데 가시면 가급적 창문 열지 마시고 어른이 내려서 계산하고 아이들은 밖으로 나오지 않도록 하는 게 좋습니다.

배성호 아기를 가진 산모도 조심해야겠군요.

김신범 물론입니다. 소아 암 발생에는 이런 유독 물질 노출이 하나의 원인이 되고 있기 때문에 꼭 기억하고 있어야 해요.

배성호 알고 있다 해도 현실에서 지키기가 어려운 것 같아요. 신경을 안 쓰다 보니 무심코 지나치게 되는 게 대부분이거든요. 익숙해서 '그게 해로운가?' 싶은 물질들이 너무 많아요. 우리가 학급에서 수업할 때 논쟁이 된 부분이 있어요. 바로 여름철 모기 퇴치제입니다. 모기향이나 전자 모기향 같은 게 안 좋긴 해도 안 쓸 수는 없지 않느냐, 모기에 물리면 전염병에 걸릴 수도 있지 않느냐 하는 이야기들이 나왔어요. 모기약 성분은 어떤가요?

김신범 우리가 보통 살충제라고 하면 성분이 농약과 같다고 보시면 됩니다. 모기를 죽이는 모기약 성분도 그래요. 안전하지 않습니다.

배성호 그렇다고 해서 모기에 마냥 노출될 수도 없고요. 어떤 방법이 있을까요?

김신범 우선 모기장을 사용하는 방법이 있습니다. 그게 어렵다면 모기약을 사용하더라도 최소화해야 합니다. 요즘은 에어컨을 트는 집이 많아서 창문을 닫아 놓으면 외부에서 모기가 들어올 일도 별로 없죠. 다만 내부에서 계속 모기가 돌아다닌다고 하면, 가급적 사람이 없는 상태에서 향을 피우고는 모기가 사라졌다 싶으면 바로 끄는 거예요. 밤새워 머리맡에 켜 두는 일은 없어야 합니다. 특히 어린아이들은 이런 물질에 취약하니 조심해야 해요.

배성호 부득이하게 써야 한다면 최소화하고 사용 후에는 바로 환기를 시키고 잠을 자는 게 좋다는 거죠?

김신범 아이가 있는 집이라면 모기약으로 모기를 잡고 나서 환기를 충분히 시킨 다음 그 방에 들어가게 하는 겁니다. 시간이 지나면 괜찮아지니까요. 문틈을 열어 놓거나 방충망이 있는 창문을 열어 두는 것도 방법입니다. 사실 모기장이 가장 좋긴 한데요. 처음에는 귀찮다가도 익숙해지면 괜찮아요. 화학 물질에 길들여지다 보면 항상 안전 문제에 노출되기 마련입니다. 우리가 조금 불편해지면 돼요.

배성호 편리함 뒤에 가려진 폐해가 많아요. 특히 화학 물질 관련해서는 우리가 좀 더 까다로워질 필요가 있을 듯합니다. 그런데 이번에 코로나19 사태가 심각해지면서 부득이하게 화학 물질에 노출된 측면이 있잖습니까? 어느 틈엔가 각종 소독제와 항균 제품들이 늘고 있어요. 이 부분은 어떻게 하면 좋을까요?

김신범 제가 환경부와 3년째 이 문제를 연구하고 있는데요. 결론은 이겁니다. "안전한 항균 물질은 없다." '항균'은 다시 말해 '생명체를 죽인다'는 뜻입니다. 원래는 살균이라고 했잖아요. 어감이 다르긴 해도 본질적으로 같은 말입니다. 균이라는 생명체를 죽이는 물질이 인간에게만 해롭지 않을 리 없잖아요. 어쨌든 이런 제품은 쓰지 말아야 합니다. 어쩔 수 없다면 노출을 최소화해야죠. 코로나19 사태 초기에 공공장소에 살균제를 마구 뿌렸습니다. 그런데 이게 사람들 호흡기를 통해 들어가게 되자 나중에는 사용을 안 했어요. 환경부에서도 경고를 했습니다. 부작용이 크니 공중에 뿌리지 말라고요. 코로나19에 대한 두려움 때문에 화학 물질을 남용했다가는 또 다른 재난이 올 수 있어요. 우리 모두 신중해야 합니다.

배성호 요즘 식당에 가도 그렇고 밥 먹기 전에 항균 물수건 등을 많이 쓰는데요. 이런 것도 위험 물질이 포함되어 있을까요?

김신범 물티슈는 티슈 자체에 곰팡이가 슬지 않도록 보존제 처리가 되어 있어요. '항균 티슈'라고 하면 여기에 살균 처리를 더했을 거예요. 이런 화학 물질이 피부에 직접 닿는 건 당연히 좋지 않습니다. 세균은 비누로만 씻어도 없어져요. 그러니 정말 꼭 필요할 때가 아니면 사용을 자제하시는 게 좋아요.

안전한 제품 골라내는 법

배성호 유해 물질이 포함된 제품들은 소비자도 조심해야 하지만 생산하는 과정도 위험할 것 같은데요. 화학 물질을 처리하는 노동자 분들은 소비자보다 훨씬 노출 정도가 심할 텐데요. 어떤가요?

김신범 특히 플라스틱 제품을 만드는 공장에서 일하시는 분들이 안전에 유의해야 합니다. 제가 앞서 PVC 이야기를 했는데요. PVC, 즉 폴리염화비닐은 혈관육종이라고 하는 암과 깊은 관련이 있습니다. 실제로 공장 노동자들이 이 병에 걸리기도 했고요.

PVC는 자연 상태에서 분해가 안 되니까 소각장에서 태우는데 이때 다이옥신이라는 발암 물질이 나옵니다. 이래저래 인체에 나쁜 물질이라, 저는 우리 모두의 건강을 위해 PVC 제품은 퇴출시키는 게 맞다고 생각합니다.

배성호 저도 알게 모르게 이 다이옥신에 노출된 적이 있습니다. 예전에 군대에 있을 때 보면 웬만한 건 다 소각장에서 태웠거든요. 그 안에 얼마나 많은 플라스틱 제품이 있었는지 지금도 생각하면 아찔합니다.

제가 초등학교에 다닐 때는 소각장이 따로 있어서 생활 쓰레기들을 거기서 다 태웠어요. 아이들이 그만큼 유해 물질에 노출되어 왔던 겁니다. 물론 지금은 그런 일이 없지만요. 그만큼 유해성에 대한 인식이 중요하다는 뜻이겠지요.

김신범 다이옥신은 300℃ 정도 되는 온도에서 플라스틱이 탈 때 많이 발생한다고 해요. 그리고 그 외에 나쁜 화학 물질들이 생기니까 조심해야겠죠.

배성호 PVC가 상당히 여러 제품에 쓰인다는 걸 알고 깜짝 놀란 적이 있습니다. 2019년에 '6학년 4반 소파의 비밀'이라는 제목의 기사로 〈경향신문〉에 소개되기도 했는데요. 당시 제가 있던 서울삼양초등학교 교실의 소파를 조사해 봤더니 납 성분은 물론 브롬이라는 발암

커버스토리

6학년 4반 소파의 비밀

누구에겐 "반의 상징"– 누구에겐 "소파"– 누구에겐 "친구"

한순간에 우리 반 모두를 공포로 몰아넣은 너, 어찌면 좋니?

서울삼양초등학교 6학년 4반 교실의 소파가 소개된 〈경향신문〉.

물질이 발견된 거예요. 막연히 안 좋을 거라고 생각은 했는데, 이 정도일 줄은 몰랐습니다.

김신범 인조 가죽으로 만든 소파라면 불에 잘 타지 말라고 표면에 난연제 처리를 합니다. 브롬계 난연제가 바로 여기에 쓰이는 물질이에요. 사람 몸이 직접 닿는 데다가 여기서 발생한 먼지가 호흡기를 통해 들어갈 가능성도 크죠. 이런 것들이 쌓이면 암 발생 요인이 됩니다. 우리가 보통 인조 가죽이라고 부르는 재질로 만들어진 많은 제품에 브롬계 난연제가 들어 있습니다. 이런 제품에 아이들이 노출되어 있다는 건 큰 문제예요.

배성호 그런데 불가피한 측면이 있기는 해요. 어쨌든 불에 잘 붙지 않는 것도 중요하니까요. 결과적으로 건강에 나쁜 영향을 미치긴 하겠지만 화재 예방도 필요하지 않을까요?

김신범 불이 났을 때 사람들에 가장 크게 피해를 주는 게 유독 가스예요. 화상보다는 질식으로 더 많이 죽거나 다칩니다. 소파에 난연 처리를 한 건 불붙는 시기를 늦추어 그 사이에 사람들이 대피하게끔 하려는 의도입니다.

예를 들어 미국 매사추세츠주 같은 데는 소방법이 굉장히 강력해서 난연제 처리를 의무화했어요. 그런데 어떤 문제가 발생했느냐면, 지역 주민의 모유에서 그전에는 한 번도 발견된 적이 없는 화학 물질이 검출됐습니다. 분석해 보니 난연제 성분이에요.

이게 앞으로 어떤 영향을 미칠지는 아무도 몰라요. 인체에 치명적이라는 사실만 알고 있을 뿐이죠. 그래서 미국은 소방법을 바꿔 난연제를 금지했습니다. 화재 피해를 줄이는 것만큼이나 암 등 난연제가 유발할지도 모를 질병으로부터 안전해지는 것도 중요했으니까요. 균형을 맞추어야 합니다. 어느 하나를 막기 위해 유해한 화학 물질을 쓰면 또 다른 문제로 이어지기 쉬워요. 합리적인 태도로 이런 부분들을 살펴보아야 합니다.

배성호 저도 고민이었던 게, 저 소파가 교실에 들어오게 된 배경이 있거든요. 학교 공간 혁신을 계획하다가 우리가 하루 중 많은 시간을 보내는 생활 공간인 교실을 바꾸어 보고 싶었습니다. 소파가 생긴다면 아이들 생활도 달라지지 않을까 했어요. 실제로 마음대로 와서 쉬고 이야기하고 그러면서 딱딱한 교실이 소통 공간으로 변했어요. 그런데 예상치 못한 문제에 마주친 거죠. 교육부 우수 사례로 뽑힐 만큼 좋은 시도였는데 유해 물질이라니….

아이들과 이 문제를 두고 토론했는데 여러 의견들이 나왔습니다. 당장 버리자는 의견부터 그래도 필요한 곳이 있을 테니 그곳에 가져다주자는 말도 나왔죠. 우리 반의 상징 같은 소파였는데 어떻게 버리느냐, 그동안 정도 들었으니 그냥 두자는 의견도 있었습니다. 그때 김신범 선생님께서 좋은 대안을 제시해 주셨어요.

김신범 결국은 사람 몸이 직접 닿는 게 문제이니 그걸 막을 방법을 찾자고 했습니다. 소파 위에 천을 둘러서 화학 물질에 직접 노출되지 않을 수 있다면 굳이 버리지 않아도 되는 거죠.

배성호 맞습니다. 그래서 저희가 결론을 내린 게 큰 천을 그 위에 덮는 거였어요. 학부모님 중 한 분이 기부한 천을 사용했습니다. 아이들도 다시 소파를 만날 수 있어서 좋아했고요. 물론 유해 물질이 없는 소파라면 더욱 좋겠지만, 이런 식으로라도 대안을 만들 수 있다는 부분이 좋았습니다.

김신범 요즘은 유해 물질 없는 인조 가죽 제품들이 많이 나오고 있어요. 선택의 폭이 넓어진 거예요. 학교 도서관이나 집 안에 소파 등을 들일 때 더 안전한 제품을 찾아 보고 판단할 수 있습니다.

배성호 우리가 어떤 물질이 인체에 해롭다는 사실에만 주목하다 보면 공포에 사로잡혀 정작 대안 마련에 소홀해질 수 있어요. 말씀하신 대로 이런 저런 대안을 모색하다 보면 우리 일상을 더 안전하게 만들 수 있을 듯합니다. 제가 알기로 북유럽 같은 경우는 제품에 쓰인 위험 물질들을 표시하게끔 해서 소비자들이 대처하도록 합니다. 알면 바꿀 수 있으니까요. 그래서 학생들과 함께 우리도 그들처럼 직접 안전마크를 만들어 보자고 이야기했어요.

김신범 우리나라에도 친환경 마크라는 게 있습니다. 다만 적용 제품 수가 많지 않은 데다 기준도 엄격하지가 않아서 실효성에 문제가 제기되고 있어요. 반면에 북유럽 국가들의 경우 이 문제를 멋있게 해결하고 있어요. 국민 개개인이 이런저런 화학 물질을 다 알 수 없잖아요. 어떤 제품에는 이런 기준, 저런 제품에는 또 다른 기준으로 표시하다 보면 헷갈리기도 하고요.

그래서 딱 하나만 확인하면 되게끔 단순화해요. 북유럽 소비자들은 '백조 마크'가 있는지 여부만 알면 됩니다. 백조 마크가 있는 제품은 엄격한 기준 아래 만들어진 상품이에요. 이런 부분은 우리도 배워야 해요.

배성호 저는 머지않은 미래에 실현될 수 있다고 봅니다. 우리 국민들이 환경과 안전 문제에 대한 관심이 많기 때문이에요. 개인적으로 하나하나 확인하는 것보다 정부가 보증하는 안전 표시 하나가 훨씬 효과적이죠. 국민 모두가 과학자가 될 수는 없잖아요. 이 문제가 공론화되면 언제든 가능하다고 봅니다.

김신범 그럼요. 화학 물질에 관한 한 혼자서는 아무리 노력해도 답이 없습니다. 함께 해결해야 해요. 예를 들어서 처음에는 친환경 농산물 생산자들이 판매처 찾기가 굉장히 힘들지 않았습니까. 개인적으로 농약도 안 치고 유기 비료를 사용했다고 해도 사람들은 알 수 없어요. 이때 공신력 있는 국가 기관이 인증 표시를 해주니까 어때요? 소비가 확 늘었잖아요. 농민들도 의욕이 생깁니다. 더 안전하고 건강한 방식으로 생산하려고 하죠. 저는 이런 노력이 화학 물질 안전에도 필요하다고 생각합니다. 무엇이 위험한 물질인지 어떤 방법이 있는지 함께 고민하고 대안을 만들어 가야 해요. 개인과 정부는 물론 생산자가 함께 지혜를 모을 때 사회 전체가 안전해집니다.

배성호 공론화하고 서로 책임을 나누어 가져야 한다는 말씀인 듯합니다. 앞서 말씀드린 안전마크 만들기도 사실은 그런 취지였어요. 아이들이 직접 참여하고 고민하는 과정에서 많은 이야기들이 나왔거든요.

김신범 저는 어린이들이 만든 안전마크를 보면서 다양한 아이디어에 감탄했습니다. 우리가 안전이 좋다는 건 다 알잖아요. 이를 어떻게 형상화할지 궁금했는데, 아이들은 자기가 좋아하는 동물 등으로 표현하더라고요. 어떻게 예쁘고 직관적으로 자기 생각을 표현해 볼까 고민했을 테죠. 저마다 생각하는 '안전'이라는 이미지를 각자 밖으로 드러내 보는 과정이 참신하다고 느껴졌습니다. 덕분에 저도 안전에 대한 새로운 감수성을 배우게 된 것 같습니다.

어린이들이 참여한 안전마크 공모전을 통해 만들어진 '어린이 안전마크'.

어린이들이 만든 다양한 안전마크.

배성호 우리는 한 사람의 지역 주민으로서, 일터의 노동자로서, 가족의 일원으로서 살고 있지 않습니까. 어느 경우든 안전은 빼놓을 수 없는 중요한 가치일 텐데요. 각자 일상에서 안전을 위해 실천할 방법이 무엇일지, 마지막으로 한 말씀 부탁드립니다.

김신범 오늘날 우리가 쓰는 화학 물질이 등장한 게 그리 오래전 일이 아니에요. 예를 들어 치약 같은 게 상품화된 게 1800년대 말이거든요. 겨우 130년이 조금 넘었죠. 굳이 치약을 말씀드리는 건 우리 일상에 등장한 화학 물질의 대표 격이기 때문입니다. 이후 화학 물질은 우리 손 닿는 곳 어디에도 존재할 정도로 늘어납니다. 이제는 이런 물질을 한 국가나 기업이 통제하기가 어려워요. 빈틈이 있을 수밖에 없습니다. 실제로 그동안 많은 사고가 있었고요. 우리나라에서도 가습기 살균제 참사가 발생했습니다. 모든 국민이 분노했고 속상해했죠. 그러면서 우리 사회는 한 단계 성숙했습니다. 참사라는 절망 속에서도 안전해지자는 각오를 다질 수 있었지요.

저는 구성원이 원하는 만큼 그 사회가 안전해진다고 믿고 있어요. 그래서 계속 우리가 안전을 말하고 안전을 외쳐야 합니다. 그래야 기업과 정부가, 우리 사회가 바뀝니다. 여러분도 이 사실을 잘 기억해 주셨으면 해요. 고맙습니다.

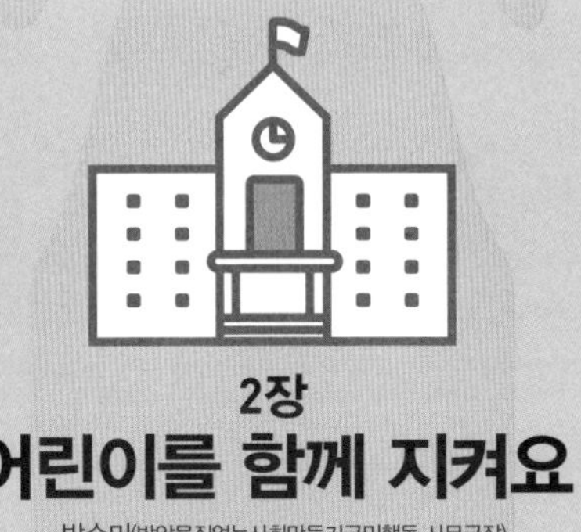

2장
어린이를 함께 지켜요

_ 박수미(발암물질없는사회만들기국민행동 사무국장)

어린이가 안전해야 사회가 안전하다

2011년 9월, '발암물질없는사회만들기국민행동'의 활동가들이 서울 성수동에 위치한 대형 마트 앞에서 '환경 호르몬과 납으로부터 아이들을 지켜 주세요'라는 문구가 적힌 현수막을 펼쳐 들고 기자 회견을 진행했습니다. 작은 탁자 위에는 마트에서 판매되는 공룡, 물놀이용품, 장신구, 문구류, 공책 등의 제품이 놓여 있고, 참가자 손에는 '장난감에서 납과 환경 호르몬을 추방하라!', '유해 화학 물질 때문이야!'라고 적힌 손 피켓이 들려 있었습니다.

환경 민감 계층인 어린이들이 즐겨 사용하고 대형 마트에서 손쉽게 구매할 수 있는 제품에서 납, 카드뮴, 프탈레이트 같은 내분비계 교란 물질이 다량 함유되어 있다는 사실은 너무나 충격적이었습니다. 이뿐만이 아닙니다. 누구나 안전할 거로 생각하는 어린이집과 초등학교에서 사용하는 교구와 시설 내장재도 예외는 아니었습니다.

시민 단체에서 어린이 제품과 어린이 활동 공간의 유해 화학 물질에 대해 지속적으로 문제 제기를 하면서 2015년 어린이 제품 안전 특별법이 제정되었고, 유해 물질 공통 안전 기준이 마련되어 최소한의 유해 물질 관리가 시작됐습니다. 이제 케이시[KC] 인증을 받지 않으면 생산·유통·판매가 자유롭지 않습니다. 그래서 어린이 제품의 중금속과 프탈레이트계 가소제 문제는 많이 해소되고 있습니다. 그런데 안타깝게도 이런 규제는 만 13세 이하 어린이가 사용할 목적으로 만드는 제품에만 적용됩니다. 예를 들면 같은 스포츠용품이어도 체육 교구로 사용되는 제품과 일반 제품의 성분이 다르다고 생각하면 됩니다.

어린이는 어린이 제품만 사용하지 않습니다. 어린이들이 어린이 활동 공간에서만 생활하지도 않고요. 어린이집과 학교와 가정에는 어른들이 함께 살고, 어른들이 사용하는 제품이 비치되어 있습니다. 우리 사회는 아이와 보호자가, 학생과 교사가 병존합니다. 어른이 사용한다는 이유로 화학적 안전 기준이 미흡한 제품들이 대부분입니다. 이런 환경에서 어린이들은 아직도 안전하지 않습니다.

우리 사회는 가습기 살균제 참사를 겪으면서 생활 화학 제품 안전관리 자발적 협약, 민·산·관 합의를 위한 화학 안전 정책 포럼, 학교 보건법과 환경 보건법 강화, 학교 유해 물질 예방 및 관리 조례 제정 등 안전망을 구축하기 위한 다양한 시도가 진행되고 있습니다. 하지만 아직도 미흡합니다.

우리는 더 나아가야 합니다. 유해 물질 안전 기준이 소비 제품 전체로 확대되고, 안전 인증 제품의 사용이 기본 원칙이 되고, 비용보다 안전과 건강이 우선되는 사회가 되어야 합니다.

이렇게 되면 어린이들이 조금 더 안전해질 것입니다. 어린이가 안전하면 어른(소비자·노동자·지역 주민)도 안전하고 사회도 안전해질 거예요.

이런 세상을 함께 꿈꾸며 함께 걷고 싶습니다. '유자학교(유해 물질로부터 자유로운 건강한 학교) 프로젝트'에서 만난 어린이와 선생님들이 친구가 되고, 든든한 버팀목이 되어 함께 나아가기를 소망합니다.

박수미 드림

어린이 생활용품은 안전한가요?

배성호 안녕하세요. 이번 시간에는 박수미 선생님을 모시고 어린이 안전 환경에 대해서 함께 이야기해 보도록 하겠습니다.

박수미 안녕하세요. 저는 '발암물질없는사회만들기국민행동'이라는 시민 단체에서 활동하고 있는 박수미라고 합니다.

배성호 네, 반갑습니다. 선생님께서는 특별히 어린이 안전 환경에 관심을 갖고 10년 넘게 활동하고 계신데요. 특별한 계기가 있을까요?

박수미 저희 단체는 2011년에 준비위원회가 발족했는데요. 이후 대형

환경 호르몬과 납 등 생활 속 유해 물질로부터 아이들을 지키기 위해 캠페인을 벌이는 시민 단체들.
©발암물질없는사회만들기국민행동

마트에서 판매되고 있는 장난감, 문구류, 액세서리 등을 구매하여 분석해 보았습니다. 그런데 그 결과가 무척 놀라웠어요. '환경 호르몬'이라 불리는 내분비계 교란 물질인 납, 카드뮴, 프탈레이트 등이 대량으로 검출되었거든요. 이런 유해 물질이 어린이들이 사용하는 제품에 무분별하게 쓰이고 있다는 사실을 확인할 수 있었습니다. 이대로는 안 되겠다는 생각이 들었어요. 우리 사회에서 어린이가 안전하게 생활할 수 있게 해야겠다는 마음으로 이 분야에 집중하게 되었습니다.

배성호 저도 학교 현장에 있다 보니 항상 안전에 민감할 수밖에 없는데요. 가끔은 익숙해서 지나치는 일도 생깁니다. 당연히 안전하다고 생각했는데 뜻하지 않은 곳에서 유해 환경을 발견하기도 하고요. 이와 관련해서 선생님이 그동안 해온 일들을 잠시 소개해 주실 수 있을까요?

박수미 어린이 교육 환경 유해 물질 관련 활동은 2011년 어린이 급식용 식자재인 통조림 캔 식품의 비스페놀 에이 오염 조사와 안전한 급식 재료 사용을 요구하는 기자회견으로 시작되었습니다. 2012년에는 발암 물질로부터 안전한 학교 만들기 캠페인으로 '우리 아이 건강 지키기 3대 수칙'을 발표하였고요. 2014년 서울시 지원 사업으로 진행한 '생활 속 유해 물질로부터 어린이 안전 환경 만들기'에서는 어린이들이 사용하고 있는 제품의 환경 호르몬을 조사하여 제조업체에게 결과를 알리고 안전한 제품 생산을 요구하는 활동도 하였습니다. 이후 유해 물질(PVC) 없는 학교 만들기로 이어지면서 학교 시설과 학습 준비물 조사로 활동 내용이 확대되었습니다.

배성호 관련 내용이 교과서에도 실린 걸로 알고 있습니다. 그만큼 모범적인 활동이었다고 할 수 있겠지요. 이런 활동들이 일회성에 그치지 않고 10년 넘게 이어지고 있는데요. 그동안 많은 변화도 있었다고 생각합니다. 실제로 학용품 등 아이들이 사용하는 제품에 유해 물질이 포함되어 있다는 기사들도 예전보다 자주 접할 수 있고요. 많은 분들이 경각심을 갖고 있습니다. 그래도 조금 아쉬운 마음이 없지는 않아요. 어린이날이나 개학 등 특별한 일이 있을 때만 관심이 집중되는 듯해서 말이죠. 선생님 생각은 어떠세요?

박수미 변화는 있지만 아쉽게도 기대에 미치지 못하는 수준입니다. 지금도 여전히 유해 물질이 포함된 제품들을 사용하는 경우가 많아요. 그만큼 더디다는 이야기예요. 그래서 우리 단체를 비롯해서 많은 시민들이 문제를 제기하고 안전 대책을 요구하고 있는 실정입니다.

쉽게 바뀌지 않은 데는 이유가 있어요. 화학 물질의 유해성이라는 게 물리적인 사고와 달리 당장 눈에 보이는 피해가 발생하는 건 아니니까요. 그러다 보니까 교육 당국이나 정부에서도 알고는 있지만 급하게 당장 뭘 해야겠다고 생각하지는 않는 것 같아요. 그런데 이런 생각은 위험합니다. 화학적 안전은 천천히 많은 사람들에게 큰 영향을 미칩니다. 당장 눈에 보이지는 않지만 그 피해가 2세대, 3세대까지 이어져요. 지금 관심을 가지고 미리 예방하고 관리하지 않으면 추후 개인의 고통과 사회적 비용이 너무 커집니다. 그래서 미국과 유럽 등 선진국에서는 '사전 예방의 원칙' 관점에서 정책을 추진하고 있는 것입니다.

배성호 그렇습니다. 그럼에도 저는 현장에서 이루어지는 변화를 긍정적으로 보고 있어요. 예를 들어 교과서에 전에 없던 표시가 생겼는데 바로 '케이시KC 마크'입니다. 자세히 보면 "이 제품이 공통 안전기준에 적합하였음을 의미합니다"라고 적혀 있습니다.

어린이 제품 안전 특별법이 시행되면서 각종 제품에 이런 안전 인증 표시를 하게 되었죠. 예전에는 교과서를 만들 때 쓰는 잉크나 종이에 유해 물질이 포함되어 있었거든요.

박수미 어린이 제품 안전 특별법은 2015년에 만들어졌죠. 이 법에 의해 어린이 제품은 최소한의 유해 물질 안전 기준을 준수해야 합니다. 그전에도 '품질 경영 및 공산품 관리에 관한 법' 일명 '품공법'으로 소비자 제품을 전체적으로 관리했어요. 그런데 여기에 일괄적으로 유해 물질 기준을 적용하자니, 기업에 부담을 줄 수 있겠다고 생각한 거예요. 그래서 어린이만이라도 유해 물질로부터 안전하게 보호하자라는 취지로 특별법을 제정합니다. 이후 어린이 제품에 'KC 인증'을 받으려면 유해 물질 공통 안전 기준을 준수해야 합니다.

배성호 어린이 안전 관련 법이 만들어졌다는 데 일단 의미가 있다고 생각해요. 물론 갈 길이 멉니다. 학교 현장에 유해 물질이 포함된 제품들이 여전히 있어요. 저희가 실태 조사를 해보다가 깜짝 놀랐어요.

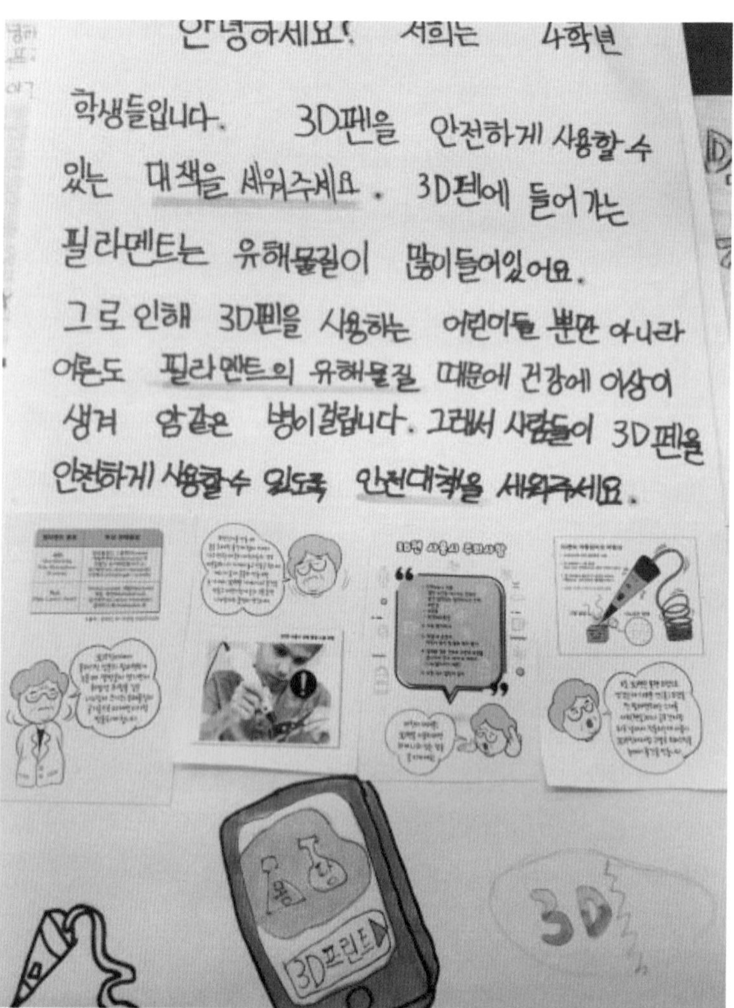

안녕하세요! 저희는 4학년
학생들입니다. 3D펜을 안전하게 사용할 수
있는 대책을 세워주세요. 3D펜에 들어가는
필라멘트는 유해물질이 많이들어있어요.
그로 인해 3D펜을 사용하는 어린이들 뿐만 아니라
어른도 필라멘트의 유해물질 때문에 건강에 이상이
생겨 암같은 병이걸립니다. 그래서 사람들이 3D펜을
안전하게 사용할수 있도록 안전대책을 세워주세요.
3D프린트
3D

유해 물질이 들어 있는 3D펜을 안전하게 사용할 수 있게 대책을 세워 달라는 학생의 편지.

학교 교구나 학용품, 스포츠용품에 위험한 제품들이 많은 거예요.

박수미 특별법이 '만 13세 이하 어린이가 사용할 목적으로 만들어진 제품'에만 적용되기 때문입니다. 단편적인 예로 학교에서 체육 교구로 사용되는 스포츠용품이 전형적인 사각지대예요. 제조업체는 어른들 쓰라고 만든 제품이니 어린이 안전 기준을 준수할 필요가 없다는 입장이거든요. 초등학교의 체육 시간에 그 제품을 교구로 쓰고 있는데도 말이에요. 법이 전혀 효력을 갖지 못하는 순간입니다. 그래서 저희는 최소한 초등학교에서 사용되는 스포츠용품만큼은 KC 안전 기준을 준수한 제품들로 해야 한다고 요구해 왔어요. 다행히 2020년부터는 스포츠용품도 일부 KC 인증을 받은 제품들이 생산되고 있습니다.

배성호 교육 현장에서 느끼기에 이런 것들은 무척 큰 변화였어요. 왜냐하면 그런 문제가 있는지조차 모르고 있었거든요. 예전에 선생님이 저희 교실에 오셔서 유해 물질을 측정했을 때 다들 무척 놀랐어요. 학생들은 눈을 반짝이면서 적극적으로 행동하기 시작했습니다. 기업체에 편지를 쓰고 산업통상자원부, 환경부에도 편지를 썼습니다. 이런 노력들이 우리를 좀 더 안전하게 만들었다고 생각해요.

교실에서 만난 화학 물질

배성호 선생님이 보시기에 앞으로 개선되어야 할 부분은 또 무엇이 있을까요?

박수미 제품은 골라서 쓸 수 있겠지만 페인트 같은 경우는 한번 칠하면 거기 익숙해져서 문제를 파악하기가 어렵습니다. 미관적인 부분도 있어서 색이 예쁘고 아름답게 나와야 하잖아요. 그래서 이런 것들 위주로 쓰다 보니 안전 문제가 뒷전으로 밀려날 때가 많아요.

문제는 이런 제품에 납 같은 유해 물질이 사용되고 있다는 점이에요. 우리는 외국과 달리 가정집에 벽지를 바르다 보니 페인트 독성에 대한 민감도가 떨어져요. 그런데 학교나 학원 같은 건물은 사정이 다릅니다. 페인트칠 된 곳이 대부분이라 아이들이 납에 노출될 수 있어요. 최소한 실내에 쓰는 페인트는 성분 표시를 잘 확인해야 합니다.

배성호 선생님과 말씀 나누다 보면 늘 새로운 사실을 알게 되는 것 같아요. 학교 교실에 칠해진 페인트 같은 데도 납 같은 유해 물질이 섞여 있을 수 있군요. 이런 물질들은 성장기의 아이들에게 어떤 영향을 끼칠까요?

박수미 납은 대표적인 발암 물질이자 신경 독성 물질입니다. 뇌 발달에 영향을 미친다는 뜻이에요. 오래된 교실에 가 보면 페인트를 칠한 곳에 들뜸 현상이 생겨서 조각조각 떨어지는 경우를 볼 수 있습니다. 이걸 '페인트 칩'이라고 하는데요, 잘게 부서지고 사람들이 이동하는 과정에 묻어나거나 공기 중으로 흩어집니다. 피부 접촉이나 호흡기를 통해 인체에 흡수되어 나쁜 영향을 주게 되는 거예요. 납 성분이 우리 몸에 쌓이면 신경이 망가지면서 뇌 발달을 저해합니다. 최근에는 주의력 결핍 과잉행동 장애ADHD와도 관련이 있다는 연구 결과가 나오고 있어요. 아이들 활동 공간에는 납 성분이 있는 제품을 절대 사용하면 안 됩니다.

휴대용 엑스선 형광 분석기를 사용해 유해 물질 성분을 확인하고 있는 모습.
ⓒ박수미

배성호 학교 교실은 아이들과 선생님, 그리고 수많은 교직원들이 활동하는 곳입니다. 학교뿐만 아니라 여러 공공 기관이 그런 페인트에 노출되어 있다는 것 자체가 문제인 것 같아요. 문제를 파악하려면 우선 우리 공간에 칠해진 페인트에 납 성분 등 유해 물질이 얼마나 있는지 알아야 할 텐데요. 선생님께서는 어떻게 조사하시는지요.

박수미 저희는 휴대용 엑스선 형광 분석기XRF라는 기기를 사용해요. 해당 제품에 대고 있으면 성분을 바로 확인할 수 있어요. 노동환경건강연구소가 시민들에게 유해 물질의 문제점을 알리고 유해성 있는 제품의 사용을 줄이는 활동에 참여하도록 캠페인 하기 위해 구매하였습니다. 워낙 고가의 기기이지만 시민 단체에게는 활용하도록 지원도 해주고 있습니다.

배성호 그렇군요. 기계적으로 손쉽게 확인할 수 있다니 다행입니다. PVC 제품의 경우 학용품에도 많이 쓰이는데 아이들 입에 닿는 리코더도 혹시 그런 제품일까요?

박수미 리코더는 딱딱한 폴리프로필렌 계열이라 가소제나 안정제가 들어가지는 않습니다. 다만, 그런 악기를 보관하는 케이스가 PVC로 만들어진 경우가 많아요. 몇 년 전까지만 해도 여기에 카드뮴이나 프탈레이트 같은 가소제들이 굉장히 많이 사용되고 있는 상태였습니다.

배성호 그렇군요. 생각해 보면 피리는 딱딱한데 그걸 포장하는 재질은 부드러운 비닐이나 인조 가죽이었던 거 같아요. 그렇다면 이런 재질은 무엇으로 바꿀 수 있을까요?

박수미 저희가 2013~14년에는 초등학교 학생들이 사용하는 제품들을 조사하고 유해성을 검증하는 작업을 했어요. 그러면서 안전한 제품이 무엇이 있는지 안내했거든요. 말씀드렸듯 악기 케이스도 문제가 있어서 조사 결과와 함께 어린이에게 안전한 제품을 만들어 달라는 의견서를 보냈습니다. 그랬더니 악기 제조사에서 전화가 왔어요. 자기들도 그런 문제가 있을 줄 몰랐다는 거예요. 그러면서 어떻게 하면 안전한 제품을 만들 수 있느냐고 묻습니다. 저희도 당황스러웠죠. 제조사에서 저희에게 알려 달라고 하니 얼마나 황당해요. 게다가 저희는 공산품 생산 과정을 잘 모르잖아요. 그래서 고민 끝에 그렇다면 플라스틱 대신 천으로 만들면 어떻겠느냐고 조심스레 제안드렸습니다. 그랬더니 바로 안전성이 확인된 천으로 케이스를 만드셨습니다. 덕분에 지금은 천 케이스에 담긴 악기들이 많이 판매되고 있습니다.

배성호 제조사에서도 성분을 모르는 경우가 많군요. 그런 의미에서 실태 조사가 중요한 것 같습니다.

박수미 그렇죠. 제조업체도 안전한 제품을 만들 의지가 있다는 걸 그때 알게 되었어요.

배성호 저희도 그런 일이 있었습니다. 체육용품들을 하나하나 조사해서 안전한 제품으로 바꾸었거든요. 익숙하다고 해서 그냥 지나치지 않아야겠습니다. 그런데 혹시 의심 가는 물건이 있을 때 선생님이 일하시는 단체에 문의를 드리면 도움을 얻을 수 있을까요?

박수미 물론입니다. 저희가 학교 같은 공공시설은 일정이 허락되는 한 최대한 방문해서 안전성 검사를 하고 있어요.

배성호 선생님 같은 분들의 노력으로 학교가 더 안전해지고 있다고 생각하니 안심이 됩니다. 안전한 학교 만들기와 관련해서 단체에서 하고 있는 활동을 좀 더 안내해 주실 수 있을까요?

박수미 저희가 '학생도 교사도 행복한 에코 교실 만들기'라는 사업을 진행하고 있는데요. 학급 내에 비치되어 있는 교구와 시설 내장재의 화학적 안전성을 조사하는 거예요. 이를 통해 안전한 제품을 사용할 수 있도록 돕는 거죠. 그동안 서울 지역을 비롯하여 전국의 52개 정도 되는 학교의 교실과 돌봄 교실, 체육관, 도서실 등을 조사해 봤을 때 PVC 재질의 플라스틱 제품이 60퍼센트나 나왔어요. 저희도 깜짝 놀랐습니다. 도대체 어디에 그렇게 많은 것들이 있을지 궁금하시죠. 바로 교실에 있는 가구들입니다. 의자나 책상은 물론 사물함, 청소함 등이 목재를 갈아서 압착한 엠디에프MDF 재질이에요. 그런데 이때 마감 처리한 시트지가 PVC 재질이고 여기에 납과 카드뮴, 프탈레이트 같은 유해 물질들이 상당량 사용되고 있습니다.

배성호 그나마 이런 사실이 알려지고 있어서 다행입니다. 학교뿐만이 아니라 일반 가정에서도 이사하거나 인테리어 할 때 시트지 많이 사용하잖아요. 여기에 유해 물질이 포함된다는 걸 알게 되었으니 다음에는 좀 더 조심할 수 있을 듯합니다. 우리가 이런 물질이 없는 안전한 제품을 고르는 요령이 있을까요?

박수미 지금 우리나라는 법적으로 안전 기준이 정해져 있어요. 어린이용 가구라면 KC 인증 제품을 쓰시면 됩니다. 그런데 학교나 가정에 어린이만 있는 게 아니잖아요. 어른들 같은 경우는 환경 표지 인증을 받은 제품을 고르시면 돼요. 이건 "같은 용도의 다른 제품(기기, 자재 및 환경에 영향을 미치는 서비스 포함)에 비해 제품의 환경성을 개선한 경우"에 붙이는 표시인데요. 그나마 안전한 제품이라고 할 수 있습니다. 그리고 우리가 가습기 살균제 참사 이후에 생활 화학 제품에 대한 안전성에 상당히 관심을 많이 갖게 되었거든요. 제품 중에 '생활 화학 제품 안전 관리 자발적 협약 참여 제품' 또는 '화학 물질 우수 저감 제품' 이런 표시가 있는 것이 있습니다. 이런 제품들은 일정 기준을 통과한 제품으로 '초록누리'라는 사이트에서 확인 가능합니다.

배성호 많은 분들께 유익한 정보가 될 것 같습니다. 이 밖에도 직접 아동 친화 공간 만들기에 참여하신 걸로 알고 있는데요.

박수미 그렇습니다. 2021년도에 노동환경건강연구소에서 진행한 사업으로 금융산업 공익재단이라는 곳에서 후원해 주셨어요. 어린이집의 화학 안전을 직접 점검하고 방금 말씀드린 환경 표지 인증을 받은 안전한 내장재를 사용해서 실제 공간을 바꿔 보았습니다. 그 후 아이들 건강이 어떻게 변화했는지 확인까지 하는 그런 사업이었습니다. PVC 재질인 바닥재와 교구, 가구류 등을 환경 표지 인증 제품 또는 안전한 재질로 교체하였습니다. 교체 결과 먼지 내 프탈레이트 함량이 71.5퍼센트 감소하였고, 영유아 소변에서는 프탈레이트 물질의 함량이 20.1~34.9퍼센트 감소된 것을 확인하였습니다.

어린이 안전 제품 고르는 법

배성호 유해 물질 문제는 비단 어린이만의 문제가 아닌 것 같습니다. 어른들도 잘 알고 있어야 어린이를 보호할 수 있고요. 안전 제품을 구매할 때 어떤 원칙이랄까, 이런 것들을 한번 짚어 주실 수 있을까요?

박수미 학교라면 제품을 구매할 때 안전 인증 제품을 우선적으로 고려한다는 원칙을 세우는 게 가장 중요하고요. 체육용품이나 악기류 등 학습 준비물은 KC 인증을 확인합니다. 학급의 시설 내장재나 가구류로 사용되는 책걸상이나 사물함, 책장, 바닥재, 이런 것들은 PVC 재질이 사용되었는지 여부를 살펴보고 가급적 환경 표지 인증을 받은 제품을 쓰시기를 권합니다.

배성호 가능하면 플라스틱 제품을 쓰지 않는 것이 좋겠군요.

박수미 그렇습니다. 간혹 휴식 공간에 소파가 놓여 있는데 이것도 대부분이 인조 가죽이고 PVC 재질입니다. 그래서 저희가 확인해 보면 여전히 납이나 프탈레이트 성분이 나오거든요. 아마도 어린이용 제품이었다면 결과가 달랐겠죠. 그래서 이런 제품들보다는 나무 제품이 좋아요. 그런데 이때도 MDF 재질인지도 봐야 해요. 앞서 말씀드렸듯 시트지에 유해 물질이 많이 포함되어 있습니다. 그럴 때는 차라리 금속 제품이 나을 수 있어요. 어쩔 수 없이 플라스틱 제품을 써야 한다면 PVC 재질 대신 딱딱한 플라스틱 제품을 권합니다.

배성호 복잡하고 어려워 보일 수도 있겠지만 이런 원칙들을 기억하고 실천해 나가면 어느 순간에는 익숙해지지 않을까요. 안전이야말로 우리가 포기할 수 없는 부분이니까요. 민감성을 갖고 대처할 문제라고 생각해요. 그런데 선생님, 제가 듣기로 '유자학교'라는 활동도 하고 계신다고 들었는데요. 어떤 내용인가요?

박수미 '유자학교 프로젝트'라는 건데요. 전국 시도 교육청 산하 초등

학급들과 활동하고 있습니다.

배성호 이름이 독특한데요. 왜 하필 '유자'인가요?

박수미 '유해 물질로부터 자유로운 건강한 학교'라는 뜻입니다. 실제 학교 현장에서 생활하는 학생·선생님들과 문제의식을 공유하자는 취지예요. 건강하고 안전한 교육 환경을 만들 수 있도록 저희가 지원해 드리는 프로그램이에요.

배성호 우리가 '유해 물질' 이러면 자꾸 부정적인 생각만 하게 되고 다가서기 어려운데요. '유자' 하니까 귀엽고 친근한 느낌이 들어서 좋네요. 아이들 눈높이에 맞는 신선한 접근인 것 같습니다.

박수미 인터넷에서 '유자학교'로 검색하시면 저희 프로젝트 홈페이지를 만날 수 있어요. 자료실에 귀여운 유자 캐릭터도 있으니 다운 받아서 쓰실 수 있고요. 각종 교육 콘텐츠나 각 시도 교육청의 초등학급에서 진행되고 있는 교육 활동과 캠페인 관련 사항을 상세히 살펴보실 수 있어요. 모든 자료가 공개되어 있습니다.

배성호 유자학교가 왕성하게 활동하면서 교육 당국의 호응도 높다고

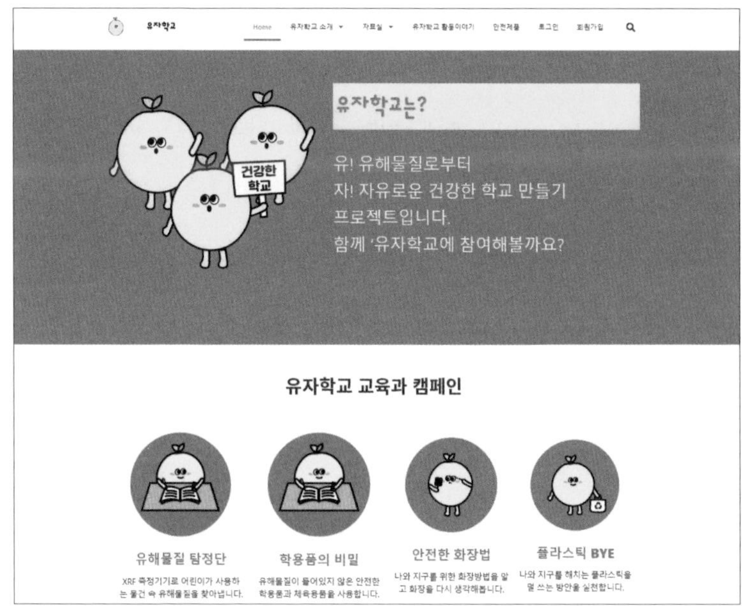

유자학교 홈페이지.

들었습니다. 특히 전북교육청 산하 군산교육지원청에서 함께 연수를 진행하고 있잖아요. 시민 단체가 관공서와 함께 유해 물질을 막기 위한 활동을 한다는 사실이 제게는 무척 고무적입니다.

박수미 유해 물질이 나쁘다는 건 이제 상식이 되었습니다. 하지만 현장에서 실제적으로 유해 물질을 없애기란 쉽지 않습니다. 우리가 이미 유해 물질로 만들어진 제품에 포위되어 있기 때문이에요. 개인이 혼자 해결할 수 없는 상황입니다. 이런 상황에서 어떻게 하면 좀 더 안전하고 건강하게 생활할 수 있을지 지혜를 모아야 해요. 시민 단체와 교육 당국, 교육 주체인 학생과 선생님들이 함께 탐구하고 실천할 수 있는 방안들을 모색해야 한다고 생각합니다.

배성호 그렇습니다. 저희가 이렇게 여러 전문가 선생님들과 이야기하는 이유도 바로 거기에 있어요. 그런데 선생님, 유자학교 활동 내용을 보니까 유해 물질 탐정단, 학용품의 비밀, 안전한 화장법, 플라스틱을 더 이상 사용하지 말자(플라스틱 이젠 안녕) 등이 눈에 뜨이던데요. '유해 물질 탐정단'은 어떤 건가요?

박수미 유해 물질 탐정단은 가습기 살균제 참사를 계기로 생활 주변의 유해 물질을 직접 찾아 보는 활동이에요. 어떻게 하면 좀 더 안전한 생활 화학 제품을 고를 수 있는지 방법을 함께 배우고 기업들이 안전한 제품을 만들게끔 요청하는 편지도 써요.

배성호 교육적으로도 매우 좋은 활동이라고 생각합니다. 지식만 전하는 게 아니라 실천을 통해 변화를 만들어 내니까요. 이 밖에 다른 활동에 대해서도 잠시 말씀 부탁드립니다.

박수미 '학용품의 비밀'은 아이들이 사용하는 학용품의 유해 성분을 찾아 나가는 내용이에요. 탐색에 그치지 않고 제조사나 유통사에 직접 안전 제품을 제안하는 활동으로 이어지지요. '모두를 위한 화장법'은 좀 의아해하실 수도 있을 텐데요. 지금 우리나라에서 화장하는 연령대가 낮아지고 있잖아요. 초등학교 고학년만 되어도 관심이 많고 직접 사용하는 아이들이 많습니다. 화장품은 직접 피부에 닿는 것으로 그 위험성이 매우 높아요. 그래서 올바른 화장법과 안전한 화장품 고르기 등을 알려야 한다고 생각했습니다. 내용을 보시면 바른 사용법과 함께 '화장' 자체에 대해 고민해 보자는 내용도 있어요. 왜 어린 나이에 화장을 하는지, 사람들의 눈을 의식하는 이유는 무엇인지, 화장과 젠더(사회적 성) 감수성을 연계해서 생각해 보기 등으로 구성되어 있습니다.

배성호 우리가 일상에서 화장품을 상당히 많이 사용하죠. 성별과 상관없이 스킨이나 로션을 일상적으로 사용하고요.

박수미 개인 위생용품도 기본적으로 화학 물질로 만들기 때문에 잘 골라서 써야 해요.

배성호 그렇다면 '플라스틱 이젠 안녕' 부분은 그런 제품들을 더 이상

쓰지 말자는 내용인가요? 그런데 말씀하셨듯이 우리가 플라스틱 제품과 완전히 결별하는 게 가능할까요?

박수미 그런 뜻은 아닙니다. 지금 기후 위기 문제가 심각하잖아요. 주요 원인 중 하나가 바로 석유 화학 산업입니다. 여기서 쏟아내는 온실가스가 지구 온난화를 부추기고 있어요. 그런데 플라스틱이야말로 석유 화학 산업이 생산하는 주요 상품입니다. 애초에 정유를 정제하고 남는 찌꺼기들로 개발된 것이기도 하고요. 값싸고 다양하게 변형이 가능하다 보니 지금처럼 많은 제품들이 쏟아져 나오게 되었습니다. 절제가 필요해요. 그런 취지에서 '플라스틱 이젠 안녕'은 유해한 플라스틱 사용을 최소화하자는 내용과 함께 분리배출과 재활용을 다루고 있습니다.

배성호 지금까지 유자학교의 주요 활동들을 말씀해 주셨는데요. 저는 특히 이런 것들이 워크북 형태로 발간되어 더 유용하다는 생각이 듭니다. 인터넷에서 다운받을 수 있어서 학교 현장에서도 활용하기 좋아요.

박수미 그렇습니다. 앞서 말씀드린 네 가지 활동을 주제로 해서 워크북을 구성했어요. 학교에서 선생님과 아이들이 함께 토론하고 실천할 수 있습니다. 집필에도 초등 선생님들이 참여하셨어요. 여기에 오랜 기간 이런 유해 물질 줄이기 활동을 펼쳐온 시민 단체 활동가가 내용을 보충하고 환경 보건 전문가의 자문을 거쳤습니다.

유자학교 워크북.

배성호 현장에서 실천할 수 있는 일종의 지침이라고 해도 무방할 것 같습니다. 실제로 초등학교는 물론 중등 과정에서도 활용을 많이 하시더라고요.

박수미 중·고등학교 학생들을 대상으로 활용하기에도 무리가 없습니다. 현장 상황에 따라 알맞게 적용하실 수 있어요.

배성호 특히 인상적인 부분은 워크북이 단원별로 교과 연계표가 있다는 점이었어요. 학교 현장에서 활용하시기가 아주 편리하게 되어 있거든요.

박수미 그렇습니다. 유해 물질 이야기를 하려고 따로 시간을 내는 것보다는 기존 수업 시간에 활용하는 게 낫겠다고 생각했습니다. 워크북이 있으면 국어나 사회나 과학 등 해당 수업 시간에 유해 물질을 주제로 다양한 수업 활동을 해나갈 수 있어요.

배성호 '유해 물질 탐정단'의 경우는 창의적 체험 활동 시간에 활용하기 좋아요. 중학교에서는 자유 학기제가 있으니까 이런 내용으로 풀어갈 수도 있겠고요. 현장에서 보니까 연말에 교과 진도를 다 나간 다음에도 이런 활동들을 또 열어 가시더라고요.

박수미 워크북뿐만 아니라 유자학교에 참여하고 계신 학급에는 체험 활동에 쓸 수 있는 교구 키트들을 제공하고 있습니다. 예를 들어 코로나19 사태가 심각해지면서 일회용 마스크 사용이 급증했잖아요. 마스크 쓰레기 문제가 제기되었습니다. 그러면서 천으로 만든 마스크도 제 역할을 한다는 연구 자료가 나오기 시작할 때라 저희가 그런 마스크를 만들 수 있는 체험 교구를 만들어서 제공했어요. 아이들이 실제로 만들고 사용할 수 있게끔 했습니다.

배성호 플라스틱 쓰레기 관련해서는 저희 학급에서는 휴지통을 한번 뒤진 적이 있어요. 일주일 동안 어떤 생활 쓰레기가 나왔는지 조사하고 그 내용으로 수업을 진행했습니다. 학급에 분리배출 통을 만들어 보자고 해서 여러 아이디어들도 모았죠.

박수미 저희도 플라스틱 쓰레기 배출에 관해서 영상을 만들었으니 활용해 보시면 좋겠습니다.

제품 뒷면을 확인하세요

배성호 학용품에도 플라스틱 제품이 상당히 많다는 걸 새삼 알게 되었는데요. 저는 특히 지우개에 관심이 갔습니다. 저도 어렸을 때 지우개를 썼고 그때는 그냥 '고무'로 알고 있었거든요. 그런데 요즘은 거의 다 플라스틱 제품이더라고요. 그런데 아이들과 유해 물질 공부를 하면서 새로운 사실을 발견했습니다. KC 인증 마크가 있는 지우개에도 경고 문구가 있더라고요. 프탈레이트계 가소제가 용출될 수 있으니 절대 입에 넣지 말라는 내용이었습니다. 그렇다면 '프탈레이트가 뭘까?' 궁금했어요. 학생들과 저는 정말 탐정이라도 된 것처럼 유해 물질을 조사하고 학급 내 물건들을 살피게 되었습니다. 우리가 안전한 학용품을 쓰려면 어떻게 해야 할까요?

박수미 플라스틱보다는 나무나 종이, 천 같은 천연 소재로 된 제품을 사용하시는 것이 가장 좋고요. 어쩔 수 없이 플라스틱 제품을 써야 한다면 반드시 재질을 살펴보아야 해요. 그나마 안전성이 확인된 플라스틱 재질은 '에틸렌초산비닐 공중합체', 즉 우리가 '에바EVA'라고 부르는 것입니다. 제품 뒷면 등에서 확인할 수 있어요.

배성호 저희도 학교 현장에서 실감하는 게요. 그동안 PVC 재질이던 실내화가 지금 말씀하신 '에바'로 바뀌었어요.

박수미 그런 사례는 매우 많습니다. 예전에 학교 선생님들이 신고 다니던 슬리퍼는 납이 굉장히 고농도로 나오는 PVC 제품이었어요. 어쨌든 요즘은 표기가 다 되어 있으니까 충분히 다른 제품을 선택할 수 있습니다.

배성호 아무래도 값이 싸서 많이 쓰지 않았을까 싶어요. 사람들이 지금만큼 유해 물질에 민감하지도 않았고요. 빠르게 경제 성장하는 데 치중했던 시절이 지나고 이제는 삶의 질이 중요하잖아요. 안전과 건강에 좀 더 관심을 많이 기울이고 있습니다. 교실에는 그나마 우리가 하나하나 확인해 나가고 있는데요. 학교 주변 문방구나 가게 등에서 파는 제품은 여기서 벗어나 있는 게 사실입니다. 화려한 액세

서리나 향기 나는 제품들이 많던데 이런 것들의 안전성은 어떻게 확인할 수 있을까요?

박수미 방향제 같은 경우는 매우 조심해야 합니다. 향이 오래 지속되게 하려고 프탈레이트라는 가소제가 많이 사용되기 때문이에요. 독성 물질이기 때문에 차량 등 밀폐된 공간에서 오랫동안 노출되면 건강에 좋지 않은 영향을 미칠 수도 있습니다. 특히 어린이와 임산부는 더 주의를 기울여야 합니다. 그래서 방향제 같은 경우는 천연 소재로 만들어진 제품으로 소량씩 사용하거나 자주 환기를 해야 합니다.

배성호 일상에서도 경계심을 늦추지 말아야겠네요. 어른이라고 해서 함부로 검증되지 않은 제품을 써서도 안 되겠고요. 잘 알겠습니다. 그런데 선생님, 최근 '학교 교육 환경 유해 물질 관리 조례'가 제정되고 있는데요. 2021년부터 서울, 광주, 세종 등지의 교육청들에서 관련 조례가 생겼어요. 앞으로 이런 관심이 더욱 커질 거로 보고 있습니다. 제 생각엔 매우 큰 변화라고 생각합니다. 그런데 다른 한편으로 생각하면 그만큼 우리 안전이 위협받고 있다는 증거잖아요. 이 조례가 가지는 의미에 대해 말씀해 주셨으면 해요.

박수미 우선 '유해 물질'만 따로 구별해서 규정했다는 점이 무척 고무적이에요. 이를 통해 학교 교육 환경의 유해 물질 실태를 조사할 근거가 마련되었어요. 이를 토대로 안전 계획을 세우도록 했잖아요. 앞으로 지금보다 향상된 관리 방안과 대책이 마련될 거로 보고 있어요.

배성호 현대 사회가 되면서 각종 화학 물질로 편리한 삶을 살게 되었지만 한편 우리 건강을 위협하는 현실이 안타깝기만 한데요. 위험 요소가 될 만한 것들을 미리미리 살펴서 제거하는 게 중요한 것 같습니다. 그런 의미에서 유자학교의 '나쁜 플라스틱 PVC를 찾아라!' 같은 활동이 무척 뜻 깊게 여겨집니다. 플라스틱 분리수거와 관련해 서울신용산초등학교 학생들이 무척 획기적인 일을 했더라고요. 내용을 잠시 소개해 주실 수 있을까요?

박수미 투명한 플라스틱을 따로 모아서 수거하면 재활용이 훨씬 쉬어요. 그래서 각 가정에서는 투명한 페트병은 따로 모아서 버려요. 그런데 학교는 투명 페트병을 따로 분리수거하는 시스템이 마련되어 있지 않아요. 종이, 플라스틱, 일반 쓰레기 정도로만 분리합니다. 플라스틱을 종류별로 나누지는 않는 거지요. 학교에서도 투명한 페트병이 많이 나와요. 그래서 서울신용산초등학교 학생들이 투명한 페

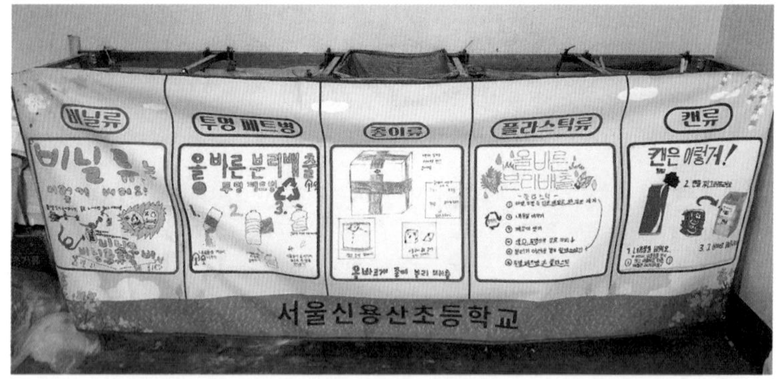

서울신용산초등학교 학생들이 노력해서 만든 투명 페드병 분리수거함. ©지태민

트병을 따로 모을 수 있게끔 해달라고 학교에 요구했습니다.

배성호 그래서 실제로 서울신용산초등학교에 그런 시설이 생겼잖아요. 이 사례가 초등학교 교과서의 '민주주의' 단원에 수록되었습니다. 학생들의 민주적 의사 결정을 통해 현실을 바꾸어 나간 사례라는 거잖아요. 저는 이런 실천을 통해 성장한 아이들이 더 큰 변화를 불러올 거로 믿고 있습니다. 이런 일에 유자학교도 큰 역할을 하고 있다고 생각해요. 끝으로 한 말씀 부탁드리겠습니다.

박수미 '유자학교'를 통해 많은 학생과 선생님들이 유해 물질에 대한 인식을 갖게 되었습니다. 유자학교는 우리 일상에 있는 문제를 살피고 대안을 마련해서 실천해 나갔어요. 저는 이런 과정 자체가 가장 의미있다고 생각해요. 유자학교 홈페이지 들어와 보면 소개 글이 이렇게 되어 있어요. "어린이, 선생님, 학부모 등 학교 구성원들의 자발적 참여와 실천을 통해 유해 물질로부터 안전하고 건강한 교육 환경을 만들 수 있도록 지원합니다." 앞으로 더 많은 분들이 동참할 수 있었으면 해요. 그러면 우리 사회가 한층 안전해질 거라고 생각합니다.

3장

모두를 위한 교통안전

_ 정석(서울시립대 도시공학과 교수)

안전한 도시,
걷고 싶은 도시 만들기

안심하고 걸을 수 있는 도시, 걷고 싶은 마음이 절로 생기는 도시를 어떻게 만들 수 있을까요? 어디서부터 누가 시작해야 할까요?

바로 나부터, 우리가 해야 합니다. 내가 살고 있는 우리 마을에서 시작해야 합니다. 운전자보다는 보행자의 입장에서 마을 공간을 두루 살피고, 걷는 데 불편을 주거나 안전을 위협할 수 있는 보행 환경의 문제들을 볼 줄 알아야 합니다. 우리들의 마을에서 누구나 쉽게 할 수 있는 일들이 있습니다.

첫째는, 우리 마을을 조금씩 보행자 공간으로 바꾸어 가는 일입니다. 덴마크 코펜하겐시는 1962년에 도심부 보행화 사업을 처음 시작했습니다. 도심부의 주차장 일부를 보행 광장으로 바꾸고, 도로 일부

구간의 차량 통행을 제한하여 '차 없는 거리'로 만든 뒤, 매년 이와 같은 보행자 구역을 점차 늘여 갔습니다. 1962년 당시 도심부 전체 면적의 1퍼센트에 불과하던 보행자 구역은 점차 늘어 현재에는 10퍼센트를 넘어서고 있습니다.

아파트 단지 내 도로 가운데 차량 통행을 제한해도 지장이 없는 곳이 많고, 주택가 골목길에도 차도와 주차 공간을 줄이고 보행 공간을 늘릴 여지가 있는 곳이 있습니다. 서울 인사동처럼, 보행자 통행이 많은 시간대에 차량 통행을 제한하는 시간제 '차 없는 거리'를 운영하는 방안도 있습니다. 마을은 차보다는 사람이 우선인 곳이니 마을 공간을 보행자 중심으로 바꾸어 가는 일, 그것이 걷고 싶은 도시 만들기의 시작입니다.

둘째, 마을에서부터 횡단보도 개혁 운동을 시작해야 합니다. 우리나라처럼 횡단보도 설치에 인색한 나라도 없습니다. 선진국의 경우 교차로에 당연히 횡단보도를 설치하지만, 주택가에는 어디든 건널 수 있도록 일부러 횡단보도 표시를 하지 않는 경우도 있습니다. 우리나라는 아직도 횡단보도 설치에 대해 소극적입니다. "200미터 이내에 횡단보도, 육교, 지하도를 병행 설치하지 말라"는 법 조항(도로교통법 시행 규칙 제11조)은 여전하고, 안전섬(사람을 보호하는 안전지대) 없는 횡단보도는 물론, 보행 신호 또한 기준대로 지켜지지 않는 경우가 많습니다.

보행자의 편의를 위해 확장된 무교동 보도길. ©정석

횡단보도를 필요한 곳마다 설치하고, 신호 주기나 보행자 신호 시간을 보행자 위주로 개선하는 일을 주민 운동 차원에서 전개하면 좋겠습니다.

커다란 마을 지도를 만들어 들고 다니면서, 어린이와 청소년들이 함께 우리 마을의 보행 환경을 진단하고, 횡단보도가 필요한 위치를 찾아 경찰청에 건의하는 운동을 벌였으면 좋겠습니다. 우리 동네 횡단보도의 신호 주기와 보행 신호 시간의 길이를 직접 측정해 보고, 개선을 촉구하는 운동을 함께했으면 좋겠습니다.

셋째, '보행자를 배려하는 운전(보배 운전)'을 생활화하는 일입니다. 꽤 오래전에 텔레비전 프로그램에서 몰래카메라로 바른 운전을 하는 사람을 찾아 상을 주었던 적이 있습니다. 그때처럼 보행자를 배려하는 '보배 운전 캠페인' 같은 것을 시작했으면 합니다. 마을 공간에서 보행자를 배려하는 운전을 하지 않는 사람 중에는 '보배 운전'의 중요성을 인식하지 못해서, 또 '보배 운전'의 구체적인 방법에 대해 몰라서 그러는 경우가 많을지 모릅니다.

횡단보도 정지선 지키기, 횡단보도에서 보행자에게 양보하기, 보행자에게 경적 울리지 않기, 단지 내와 골목길에서 30킬로미터 속도 지키기, 노란 버스 추월 않기 등등 보행자를 따뜻하게 배려하는 '보배 운전 10계명' 같은 걸 만들어 운전자들에게 알리고 함께 지키는 운동을 시작했으면 좋겠습니다.

걷고 싶은 도시 만들기, 나부터, 지금 여기 우리 마을에서 시작해야 합니다.

정석 드림

도시는 길에서 시작해요

배성호 이번 시간에는 서울시립대학교 정석 교수님을 모시고 교통안전에 대해서 함께 이야기 나눠 보도록 하겠습니다. 선생님, 안녕하세요.

정 석 네, 반갑습니다. 저는 대학에서 학생들과 함께 도시학을 공부하고 있습니다. 유튜브 채널 '도시의 정석'을 운영하고 있는 유튜버이기도 하고요.

배성호 오늘 주제는 교통안전인데요. 안전에 대한 시야를 더욱 넓히는 시간이 될 것 같습니다. 이와 관련해서 일전에 선생님께서 '길을 보면 도시의 수준이 보인다'는 취지의 말씀을 하신 적이 있는데요. 무슨 뜻인지요?

정 석 도시를 물건처럼 보지 말고 사람이라고 생각하면 좋을 것 같아요. 도시도 사람처럼 기본이 잘 되어 있어야 하는 거죠. 어떤 사람을 알려면 그 사람의 밑바탕을 알아야 합니다. 도시라면 길바닥이 그렇죠. 장마철에 비가 많이 오면 길에 물이 고이죠. 배수 시설이 잘 되어 있으면 그럴 일이 없습니다. 그러니까, 물이 흐르도록 기울기가 적당하지 않거나 움푹 패어 있으면 물이 고이기 마련입니다.

길바닥 상태로 우리가 걷기에 편한 도시인지 아닌지 알 수 있어요. 그러니까 길바닥의 기본적인 설계나 구조가 한 도시의 수준을 말해준다는 취지였습니다.

배성호 선생님 말씀을 듣고 저희도 학생들과 직접 학교 앞 통학로 바닥 상태를 조사했습니다.

정 석 우리 주변을 보면 길이 매번 바뀌는 걸 알 수 있습니다. 인도만 해도 보도블록이 부실하게 깔려서 울퉁불퉁하고 깨져 있을 때가 많죠. 관리도 잘 안 되어서 인도로 자전거가 다니거나 심지어 차들이 가로 막고 있기도 합니다. 이런 상황들을 적극적으로 찾아내서

스페인 성곽 도시 루고의 보도. 배수를 위해 길 가운데를 낮게 처리했다.
포장재는 미끄럽지 않으면서 평탄하게 되어 있다. ©정석

개선해야 한다는 말씀을 드리고 싶어요.

배성호 저도 아이들에게 늘 강조하는 게, 우리가 안전을 말할 때 수동적으로 안전 규칙을 지키는 데서 나아가 적극적으로 실천해야 한다는 점입니다. 실제로 조사해 보고 문제가 있으면 대책을 마련하고 책임 있는 기관에 제안하면서 시민으로서의 주체성을 기르는 거죠.

정 석 어린이들이야말로 도시의 미래죠. 기성세대보다 더 오래 도시에 살아갈 테니까요. 그럼에도 도시는 어린이들에게 불친절하죠. 이 나라의 주인은 국민이고 지역의 주인은 주민이듯이 미래의 주인은

어린이인데 말이에요.

배성호 선생님 학교 학생들과 저희 학생들이 합동 수업을 했던 것도 그런 의미가 아니었나 싶습니다. 통학로 주변을 조사하러 간 것도 수업의 일환이었죠.

정 석 아이들이 정말 훌륭하더군요. 수업에 상당히 적극적이었습니다. 대학생과 함께 학교 주변의 문제점들을 관찰하고 해결책을 찾아보던 모습이 아주 생생합니다. 무척 인상적이었어요.

배성호 그렇습니다. 선생님께서는 '길바닥'으로 교통안전 이야기를 시작해 주셨는데요. 예전 상황을 떠올려 보면 정말 안전 개념이 많이 부족했다는 걸 느낍니다. 유아차조차 마음 놓고 다닐 수 없었던 것 같아요.

정 석 네, 유아차는 물론 휠체어 같은 사회적 약자의 이동 수단이 배려받지 못했어요. 어린이들이 다니기에도 불편했어요. 차도와 보도 사이 턱이 한 30센티미터 정도 되는 데도 많거든요. 어른들은 상관없지만 아이들로서는 장벽이 되는 높이죠.

배성호 그와 관련해서 해외 사례를 소개하신 적이 있는 걸로 알고 있는데요. '어반95[URBAN 95]'였나요?

정 석 그렇습니다. 네덜란드의 베르나르드 반 레이어 재단이 추진한 프로젝트인데요. 도시를 만 3세 아이의 눈높이에서 보자는 운동이었습니다. '어반95'의 '95'가 바로 그 나이 아이들의 평균 키 높이거든요. 예를 들어 횡단보도가 있으면 그 옆에 관목을 심거나 울타리를 쳐놓습니다. 어른이 서 있으면 차량 운전자가 충분히 알아챌 수 있지만, 어린이들은 거기에 가려서 안 보일 수 있거든요. 미리 보고 대비할 수가 없는 거예요. 안전에 영향을 받죠. 또 하나, 우리가 공공시설을 드나들 때 출입문을 이용합니다. 이때 어른들은 쉽지만 어린아이처럼 힘이 약한 사람들은 쉽게 열 수가 없어요. 시선을 달리 하면 문제가 보이는 거예요. 한마디로 사회적 약자에 대한 배려가 부족한 겁니다.

그래서 우리가 이야기하는 게 '배리어 프리[barrier free] 도시'라고 해서 약자들의 눈높이에서 최대한 장애물이 없는 도시입니다. 이렇게 도시를 설계하면 약자뿐만 아니라 보통 사람들도 훨씬 편하게 이용할 수 있어요. 이게 바로 '어반95' 프로젝트의 취지입니다.

배성호 교통안전도 그렇게 접근해야 할 것 같네요. 왜냐하면 지금 우

홈 존 표지판(좌)과 보네르프woonerf 표지판(우)

리 도시 시설물이 어린이들 입장에서는 상당히 위험하거든요. 일어나지 않아야 할 사고도 빈번하고요. 이와 관련해서 외국의 사례를 조금 더 소개해 주시겠습니까?

정 석 사진을 잠깐 보실까요. 왼쪽이 영국의 '홈 존' 표지판입니다. 유럽에 이와 같은 표지판들이 많은데요. 사람이 오가는 곳이니 차량의 주의를 요한다는 표시입니다. 그 원조 격이랄 게 바로 오른쪽에 있는 네덜란드의 '보네르프woonerf' 표지판입니다. 우리말로 '생활의 마당'이란 뜻인데요. 그런데 이런 표지가 등장하게 된 계기가 정부가 아니라 지역 주민의 노력 때문이에요.

옛날에는 동네 골목길이 안전했어요. 그런데 차가 점점 늘다 보니까 차들이 쌩쌩 다니고 그러다 사고가 납니다. 이걸 막으려고 주민들이 동네 골목길에 화분을 내놓으면서 시작되었어요. 골목길에 지그재그로 화분이 놓였기 때문에 차량이 속도를 낼 수 없었지요. 이걸 보고 네덜란드 정부가 주거지 보호책을 내놓고 이런 거리를 '보네르프'라고 이름을 붙였어요.

그림을 보면 참 재미있어요. 집도 있고 자동차도 있고 사람도 있습니다. 보네르프 표지판에는 특이하게도 아이가 공을 차고 있어요. 그러니까 이곳이 생활공간이고 차가 아닌 사람이 주인이므로 사고가 나면 전부 운전자 과실이에요. 이렇게 시작된 보행자 우선도로 표시는 영국으로 건너가 홈 존이 됩니다. 독일에서는 '템포30Tempo 30 존' 일본에서는 '커뮤니티 존'이 되지요. 우리나라는 스쿨 존, 실버 존, 보행우선구역 등이 있습니다.

배성호 우리나라도 차량 수가 급격히 늘면서 사고가 많아졌습니다. 지금 통학로만 해도 조마조마할 때가 많아요. 등하교 시간이 되면 차량과 학생들이 뒤엉켜서 매우 혼잡스럽습니다.

정 석 그렇습니다. 쉽게 차를 소유하게 되면서 이에 따르는 책임을 받아들일 시간이 부족했다고 봅니다. 일본은 자동차 대중화 시대 이전에 이미 '차고지 증명제'를 도입했어요. 우리는 주차 문제로 골머리를 앓고 있어요. 일본은 미리 여기에 대비해 차를 사려면 보관할 공간이 있다는 걸 증명해야 했어요. 자기 집에 주차장이 없으면 공영 주차장에 자리를 확보해야 합니다. 우리도 그런 문제 제기가 있었지만 결국 자동차 회사들 반대로 도입되지 못했어요. 그러다 보니 주차난이 심각해진 거예요. 그래서 골목 곳곳, 예전 같으면 아이들이 자유롭게 뛰어놀았어야 할 공간이 전부 주차장이 되어 버렸어요. 학교 주변 통학로도 그렇습니다. 차들에게 전부 내주고 나니까 정작 아이들이 편하게 학교를 오갈 수 있는 공간조차 협소해졌어요. 안타까운 일입니다.

배성호 말씀을 들어보니 보행자 중심으로 설계된 해외 사례가 무척 부럽네요. 어떻게 운영되고 있나요?

정 석 프랑스 파리 같은 데는 시내 전역의 차량 속도를 시속 30킬로미터 이내로 제한하고 있습니다. 안 이달고 시장이 2020년 선거 때 내건 공약이 그랬어요. 이미 도시 3분의 2가 그런 속도 제한이 있는데, 이번에 아예 전체로 확대하겠다는 겁니다. 이게 무슨 메시지입니까? 웬만하면 시내에 차 몰고 나오지 말라는 거예요. 꼭 필요해도 저속으로 운행하라는 이야기입니다. 그 밖에도 노상 주차장의 4분의 3

정도를 폐쇄하겠다는 이야기가 나왔습니다. 그 장소를 보도나 자전거 도로로 조성하고 녹지로 꾸미겠다고 해요. 자동차 중심의 도시가 인간 중심으로 급격히 바뀌고 있는 거예요. 가히 혁명적인 전환이랄 수 있습니다.

배성호 우리나라도 보행권 조례를 만든 걸로 알고 있습니다.

정 석 1997년 서울시가 만들었죠. 세계적으로도 매우 앞선 조치였습니다. 이 조례는 전국으로 확대되었어요. 당시만 해도 차를 타고 속도를 낼 권리에 비해 걸을 권리, 즉 보행권은 존중받지 못했어요. 이에 보행권을 지키자는 운동이 활발하게 일어났고 그 결과 서울시 의회가 보행권 조례를 만듭니다. 시작은 일찍 했는데, 여전히 미진한 부분이 많습니다.

'착한 도시' 만들기 프로젝트

배성호 선생님은 우리 도시의 보행권을 말씀하시면서 '보행 삼불'이라는 표현을 하셨는데요, 어떤 내용인가요?

정 석 제가 서울연구원에서 보행 관련 연구를 할 때였습니다. 서울의 열악한 보행 환경을 어떻게 표현해야 할지 고민하다가 생각해 냈지요. 걷는 게 너무나 불안하고, 또 불편하고, 그 자체로 불리하다는 뜻으로 '보행 삼불'의 도시라고 했어요.

배성호 우리 교통 현실을 정확하게 표현해 주신 것 같아요. 기본적으로 차와 사람이 뒤엉키는, 그러니까 보행자와 차가 분리가 안 되는 게 가장 큰 위험 요소로 보입니다.

정 석 그렇습니다. 보행로가 따로 안 갖춰진 경우도 많고요. 그런데 여기서 꼭 분리만이 해법은 아닙니다. 앞서 보네르프에서도 알 수 있듯이 천천히 다니게 하면 됩니다. 운전자에게 경고를 하고 사고가 나면 책임을 지게 하는 방식이죠. 물리적으로 차량에 불리하게 설계하는 것도 방법입니다. 말 그대로 물심양면으로 보행자를 배려하게 하는 거예요.

도로 공간이 여유 있다면 보도와 차도를 확실하게 구분하는 게 낫고요. 주택가 같은 생활공간이라면 사람과 차가 함께 쓰되, 사람을 우선 배려하는 방식이어야 합니다.

배성호 우리 아이들을 보면 어려서부터 교통질서를 아주 잘 지키거든요. 건널목 건너기라든가 기본 안전 수칙을 잘 알고 있는데요. 문제는 신호 체계 자체가 사람에게 불리해 보인다는 거예요. 저도 신호가 바뀌어서 건널목을 건너다 금세 불이 깜빡여서 당황한 적이 많습니다. 우리나라 신호등만 그런 건가요?

정 석 기준은 있습니다. 보행자 이동 속도는 초당 1미터예요. 걸음이 느린 보행 약자는 초당 0.7미터로 합니다. 횡단보도 신호도 건너편과 거리를 따져서 그만큼 시간을 주지요. 여기에 여유 시간을 7초 줍니다. 그러니까 폭 20미터 횡단보도라면 보행자 신호는 27초간 유지되는 거예요. 문제는 폭이 넓은 도로예요. 예를 들어 50미터 폭의 도로가 있을 때 그 건널목 신호등은 보행 신호만 57초를 두어야 합니다. 그런데 그러다 보면 차량 소통이 원활하지가 않겠죠. 중간에 신호가 바뀌도록 시간을 조정합니다. 이때 걸음이 느린 노약자들이 당황할 수밖에 없어요.

횡단보도가 없는 장소도 많고 있어도 충분히 건널 시간을 주지 않는 곳도 많아요. 이 모든 것들이 우리 교통 체계에서 보행자 배려가 부족하기 때문입니다. 요즘은 사람들이 불안해하니까 남은 시간을 숫자로 표시하기도 합니다.

배성호 간혹 무단횡단을 하는 사람들이 있는데요. 사람들 마음이 급해서 그럴지도 모르지만 실제로 너무 오랫동안 신호가 안 바뀌는 곳도 있더군요.

정 석 신호의 주기도 중요하죠. 어쩌다 한 번씩 보행 신호가 오니까 사람들이 좌우를 살피다가 그냥 무단 횡단하는 경우도 많고요. 예전에 제가 살던 고양시 주엽역 앞 횡단보도가 그랬어요. 보행자 신호 주기가 너무 길었지요. 그래서 관할 경찰서에 이야기해 바꾼 적이

『나는 튀는 도시보다 참한 도시가 좋다』 표지.

있습니다. 그 후로 녹색불이 자주 켜지면서 무단횡단 사례도 줄어들었습니다. 사람들에게 신호를 안 지킨다고 비난하는 것보다는 그 이유를 살피고 여러 사람이 불편함 없이 준수할 수 있는 규칙을 세우는 것도 필요합니다.

배성호 학생들과 함께 학교 주변 보행 신호를 한번 측정해 보아도 좋겠다는 생각이 드네요. 그리고 말씀을 듣다 보니 선생님이 쓰신 『나는 튀는 도시보다 참한 도시가 좋다』라는 책에 등장하는 일본의 '착한 신호등' 이야기가 생각납니다.

정 석 일본 가나가와현 이야기인데요. 노인이 많이 사는 지역입니다. 걸음이 느리다 보니 횡단보도를 건널 때 어려움이 있어요. 그래서 어떻게 했느냐면 어른들이 목에 목걸이를 차요. 이게 신호등하고 센서로 연결되어 있어서 노인들이 그곳에 도착하면 이를 인식하고 신호 시간을 더 길게 줘요. 정말 착한 신호등이죠.

배성호 기술적으로 충분히 가능한 일이네요. 더구나 우리나라는 정보통신 기술이 상당하잖아요.

정 석 현재 기술로도 어려울 게 없어요. 마음이 중요합니다. 배려심만 있다면 노인 같은 교통 약자들을 훨씬 더 편안하게 해드릴 수 있죠.

배성호 보통 우리가 '스마트 도시'하면 첨단 기술을 활용한 편리성을 떠올리는데, 안전은 그다음인 거 같습니다. 사람을 존중하고 배려하는 도시야말로 진정한 스마트 도시가 아닐까 하는 생각이 들었습니다. 제가 선생님과 교과서 작업을 하면서 느낀 점도 그렇습니다. 높은 빌딩과 첨단 시설을 자랑하는 화려한 도시보다는 '참한 도시'가 좋다고 하셨잖아요.

정 석 도시도 사람과 같습니다. 개성 있고 자기주장이 강한 사람도 좋지만, 그것만으로는 매력 없잖아요. 우리가 어떤 사람을 평가할 때 인격을 봅니다. 기본이 갖춰져 있고 인성이 좋은 사람은 누구에게나 환영받아요. 겉으로 보이는 화려함보다는 이런 기본적인 측면이 훨씬 중요하죠. 저는 도시도 마찬가지라고 생각합니다. 우리가 안전이라고 하면, 자연재해로부터의 안전도 있을 거고, 범죄나 전쟁으로부터 안전도 있을 거예요. 일상적 측면에서는 교통안전도 매우 중요하지요. 이때의 핵심은 차를 먼저 둘 것이냐 사람을 먼저 둘 것이냐 하는 것입니다. 사람을 먼저 둔다고 했을 때도, 건강한 보통 성인을 기준으로 할 거냐, 노인이나 장애인, 어린아이 같은 교통 약자를 우선할 거냐 하는 문제를 따져야 합니다. 저는 좋은 도시를 가르는 기준이 거기에 있다고 생각해요.

배성호 선생님이 말씀하신 '참한 도시'야말로 우리 아이들이 안전하게 생활할 수 있는 공간인 것 같습니다. 문득 아이들과 함께 그런 도시를 상상하는 작업을 하고 싶다는 생각이 드네요.

정 석 제가 책을 쓴 이유도 그렇습니다. 우리가 도시에 살면서 지금보다 안전하고 행복한 도시를 꿈꾸어야 하지 않을까 하고 생각했어요. 우리가 살면서 왠지 불안하고 불편할 때가 있잖아요. 방법을 찾지 못해 답답할 때가 있습니다. 모든 문제를 다 바꿀 수는 없겠지만 가능성은 충분히 있다고 봐요. 도대체 왜 우리 아이 등굣길은 이토록 위험천만인지, 우리 집 앞 신호등 보행 신호는 왜 이렇게 짧은지, 사람들은 왜 위험을 무릅쓰고 무단횡단을 하는지 등을 고민하다 보면 방법을 찾게 돼요. 앞서 말씀드렸듯, 관할 기관에 요청할 수도 있고요.

경찰청에 요청하거나 시군구청에 연락해서 시설물 점검을 요구할 수 있습니다. 관계 기관이 알아서 해주겠지 하고 기다리다가는 세월만 가요. 도시를 바꾸는 열쇠는 결국 시민들인 우리 손에 있습니다. 책에서도 그런 말씀을 드리고 싶었어요.

배성호 학교 현장에서 저희가 고민하는 지점이기도 해요. 다행히 학생들과 함께 적극적으로 교통안전을 지켜나가려는 움직임이 있습니다.

정 석 우리가 사는 공간은 그 자체로 삶에 큰 영향을 미칩니다. 불편하고 불안한 도시를 바꾸는 데 우리가 앞장설수록 우리 삶도 나아져요. 그 부분을 꼭 기억해 주셨으면 합니다.

배성호 사례를 하나 더 보고 갈까요? 덕수궁 돌담길 주변에 새로운 변화가 생겼다는 이야기를 들었습니다. 어떤 일이 생긴 걸까요?

정 석 예전에는 덕수궁 돌담길 옆이 양방 통행 도로였어요. 도로와 보도를 쇠사슬로 구분해 놓았었죠. 보도는 좁고 옹색했어요. 그러다 주변이 '걷고 싶은 거리'로 바뀌면서 차량들이 쌩쌩 달리지 못하게끔 길을 구불구불하게 해두고 나머지 공간을 전부 사람에게 내주었죠. 주말에는 아예 차량 출입을 통제합니다. 공간 자체가 이제 사람 중심으로 변한 거예요. 덕분에 다양한 행사가 열리면서 시민들이 즐겨 찾는 명소로 명맥을 이어가고 있습니다.

청주 성화초등학교 학생들의 노력으로 생긴 대각선 횡단보도. ©이상근

배성호 그러면서 자연스럽게 안전까지 확보하게 된 듯합니다. 그리고 요즘 도심에 대각선 횡단보도가 많이 생겼다고 하는데요. 여기에는 어떤 의미가 있을까요?

정 석 예전에는 대각선으로 가려면 길을 두 번 건너야 했습니다. 그러다 모든 방향으로 한 번에 건너갈 수 있도록 횡단보도 체계를 바꾼 거예요. 이것 역시 사람 중심 교통 체계의 일환이에요. 자동차 입장에서는 예전이 더 편하죠. 모든 방향에서 차들이 다 같이 멈춰야 하기 때문에 대기 시간이 좀 더 길어집니다. 이 역시 차보다 사람을 배려하는 '착한' 횡단보도의 사례입니다.

배성호 저희 동네에도 대각선 횡단보도가 생기고 있습니다. 처음에는 낯설어하던 사람들도 편리하게 잘 이용하는 것 같았어요.

안전하고 빠르게 건널 수 있는 대각선 횡단보도가 필요해요!

6학년 4반 심지원 유주팔 최가은 고해져

성화초등학교 앞 장전공원에서 홈플러스 익스프레스로 건너기 위해 차도로를 가로질러 가는 학생을 보았습니다. 그 친구들에게 물어보니 "신호등을 2개나 건너려면 귀찮고 신호등을 한 번 놓치면 오래기다려야 한다."라고 생각해 이런 위험한 행동을 한다고 합니다.

이렇게 신호등을 2번건너야 하는것에 불편함을 겪고, 저희 역시 불편함을 느끼기에 "대각선 횡단보도를 만들면 어떨까?"해서 이생각을 여러분께 알려드리고, 대각선 횡단보도에 대해 좋은 점을 느끼시는 분들께 서명운동을 하여 실현해보자해, 이 광고지를 만들게 되었습니다.

현재 시행되고 있는 대각선 횡단보도 입니다.

길지만 꼭 끝까지 읽어주세요. 다 읽으셨다면 다른 분께도 읽기를 권유해주세요. 읽어주셔서 감사합니다.

청주 성화초등학교 학생들의 '대각선 횡단보도 제안서'
©이상근

시간제로 운영되는 대만의 대각선 횡단보도. ©정석

정 석 대만의 경우는 학교 앞에 대각선 횡단보도를 설치해서 시간제로 운영하더군요. 아이들이 몰리는 등하교 시간에만 제한적으로 활성화하고 나머지 시간에는 가운데 대각선 부분을 막아서 차량 통행에 더 비중을 두는 식입니다. 상황에 따라 유연하게 운영할 수가 있는 거예요.

보행 안전을 지키는 아이디어

배성호 이번에는 좀 더 범위를 좁혀 '학교'로 가보겠습니다. 특히 통학로 안전 확보에서 가장 중요한 게 뭘까요?

정 석 차량 통제에 중점을 두어야 합니다. 외국은 아예 등하교 시간에는 학교 주변에 차량 출입을 통제해요. '차 없는 거리'로 운영하는 데가 많아요. 그런데 우리는 사정이 조금 복잡한 게 차를 타고 등하교 하는 경우가 있잖아요. 통학로 주변에 주차를 하다 보니 공간도 비좁아지고 사고도 빈번합니다. 위험하니까 직접 차로 아이들을 통학시키고 이로 인해 더 통학로가 위험해지는 악순환이죠. 차량 접근을 아예 막는 것이 좋습니다. 그래야 등하굣길 안전을 확보할 수 있어요. 그럼에도 못 하고 있는 게 아직도 우리나라 교통 문화가 자동차 중심이기 때문이에요. 어린이들의 생활공간인 학교조차 여기서 예외가 되지 못하는 거예요.

배성호 일반 통학 차량뿐만 아니라 학원 차량까지 뒤엉켜서 무척 위험해 보여요. 깜짝깜짝 놀랄 때가 많습니다. 그래서 나름대로 학교에서도 고민을 하고 있어요. '옐로 카펫'도 그렇게 해서 나온 아이디어 중 하나입니다. 횡단보도에 아이들이 대기하고 있는 장소를 노란색으로 강조해서 운전자가 직관적으로 인식할 수 있게 했지요. 선생님이 보시기엔 어떠세요?

정 석 아주 좋은 아이디어에요. 횡단보도에서 길을 건너려고 하는 아이들이 운전자 눈에 확 들어오게끔 디자인되었으니까요. 이런 노력들은 매우 긍정적이에요. 그런데 한편으로는 그만큼 운전자들이 신호등 앞에서 주의를 게을리한다는 방증처럼 느껴져서 씁쓸하기도 해요. 무엇보다도 보행자 위주의 운전 문화가 자리 잡아야 한다고 생각해요.

선진국 도시에 가 보면 신호등이 없는 곳에서도 횡단보도에 사람이 서 있으면 일단 차가 섭니다. 우리는 혹시라도 저 사람이 도로에 발을 내디딜까 싶어서 빨리 지나가려고 더 속도를 내잖아요. 그래서

학교 앞 횡단보도에 설치되어 있는 옐로카펫. ©배성호

큰 사고도 많이 나고요. 이제는 그러지 말고 일단 멈추자, 거기 사람이 있는지부터 확인하자, 이런 취지가 반영된 게 바로 옐로 카펫이라고 저는 생각합니다.

한 가지 아쉬운 점은 횡단보도를 차도 높이와 맞추려다 보니 보도에 경사로가 생겼어요. 그러다 보니 보도에 굴곡이 생겨서 울퉁불퉁해요. 반대로 횡단보도를 차도가 아닌 보도 높이로 올렸으면 어땠을까 합니다. 그러면 마치 과속방지 턱 같은 효과가 있어서 더 좋지 않았을까요? 휠체어나 유아차가 지나다니기에도 좋고 차량 속도도 자연스레 줄어들 수 있을 것 같습니다. 보행 환경을 구성할 때는 이와 같은 디테일이 굉장히 중요합니다.

배성호 말씀을 듣고 보니 우리가 얼마나 운전자 위주 사고에 익숙해 왔는지 알 것 같습니다. 차도에 맞출 게 아니라 보도에 맞춰 경사로를 설계했으면 정말 더 좋았겠다는 생각이 들어요. 앞으로는 작은 아이디어 하나에도 이런 배려가 스며들었으면 하는 바람입니다.

정 석 그러는 게 운전자에게도 좋습니다. 밤에 위험할 수 있으니 조명을 설치하고 표지판을 횡단보도 입구에 설치한다든지 하면 차량을 운전할 때도 훨씬 안전하고 좋죠.

배성호 기술의 발전이 안전 수준을 한층 올릴 수 있다고 봐요. 저희 학교 근처 횡단보도 바닥에는 센서가 설치되어 있어서 음성 안내도 하고 빛도 나고 해서 주목도가 상당히 높아졌어요. 요즘 길거리에서 스마트폰 보는 사람이 많은데 이런 식으로 주의를 요하는 장치들이 사고 예방에 도움이 될 것 같았습니다.

정 석 그렇죠. 횡단보도 바닥에도 알람 장치 같은 걸 두어서 계속 경고를 하는 거예요.

배성호 요즘은 귀에 이어폰을 꽂고 음악을 듣는 사람들도 많아서 소리와 빛 등을 모두 사용해서 알려 주는 게 좋을 거 같아요.

정 석 제가 서울시 공용 자전거인 '따릉이'를 애용하는데 벨을 울려도 못 들을 정도예요. 운전자나 보행자 모두 위험할 수 있습니다.

배성호 최근에 도로 교통공단에서 2016년부터 2020년까지 5년 동안 어린이 교통사고를 분석한 데이터를 봤는데요. 정말 아쉬웠던 게 가정의 달인 5월에 어린이 교통사고가 가장 많이 발생해요. 시간대로 보면 오후 4시에서 6시 사이가 가장 많았습니다. 하교 시간대이지요. 연령별로는 나이가 어린 저학년이 더 많았고요.

정 석 그런 자료를 볼 때마다 참 안타까워요. 연간 교통 사고 사망자는 1991년이 사상 최대였는데요. 1만 3000명이었어요. 이후로 조금씩 줄고는 있습니다. 교통안전 수칙을 강화해서 안전벨트도 의무적으로 매게 하고 과속 카메라 설치도 늘리고, 정지선 지키기 운동도 하면서 나름 성과가 있었습니다. 하지만 여전히 선진국과 비교했을 때 너무 많은 사람이 사고로 죽거나 다치고 있어요. 그중에서도 교통 약자의 희생이 커요. 특히 어린이 교통사고를 줄이려면 정말 특단의 대책이 필요합니다.

최근에 시행된 '민식이법'도 그런 노력의 일환입니다. 어린이 교통사고 시 가중 처벌하는 법이지요. 운전자들의 반발이 있었습니다만, 우리가 무엇을 우선으로 둘 것인가에 대한 진지한 성찰이 필요하다고 봐요. 자동차의 빠른 통행을 우선시하면 어린의 교통사고 희생을 줄일 수 없습니다. 인간의 생명을 우선으로 두고 교통 약자들을 보호하려면 그런 규제를 받아들여야 해요. 오히려 강화해야 합니다. 선진국처럼 보행자들이 보호받는 사회가 저절로 이루어지지 않아요. 그쪽 운전자들이 특별히 매너가 있어서 그런 게 아닙니다. 만일 사고라도 났다가는 엄청난 불이익을 받기 때문에 조심하는 거예요.

배성호 옐로 카펫이 제가 사는 지역에서 전국 최초로 만들어졌는데요, 그 사연이 정말 애달픕니다. 한 학생이 길을 건너다가 누가 자기 이름을 부르자 그리로 뛰어가다가 사고가 난 거예요. 그 후 학생 부모님께서 이런 일이 다시는 일어나서는 안 되겠다고 하시면서 사고 예방을 호소하셨어요. 주민 1000여 명과 도로 교통 전문가, 선생님들이 동참하면서 옐로카펫이라는 안전장치를 만들었습니다. 이렇게 하는 이유가 결국은 한 사람의 생명이라도 더 지키자는 취지라는 말씀을 드리고 싶어요.

정 석 반복해서 말씀드리지만, 가능한 한 학교 앞 통학로 주변 주차

서울 미아초등학교 앞 도로는 오전 8시부터 9시까지, 오후 12시 30분부터 2시까지는 차량 통행이 제한되어 어린이들의 등하교 시 안전한 통학로를 확보하고 있다. ©배성호

공간들을 줄여야 합니다. 굳이 통행이 필요하다면 일방으로 바꾸어서 도로 공간을 줄이고 아이들이 안전하게 걸을 수 있는 통학로를 확보해야 해요. 그런데 이런 공간이 지금 계속해서 차량에 의해 점령당하고 있거든요. 차도와 보도를 분리한다고 해결되지 않습니다. 보도가 좁아서 아이들이 자꾸 차도로 나오기 때문입니다.

걷는 사람을 배려하는 길

배성호 우리나라의 경우 찻길과 인도의 경계가 모호한 곳이 많은 것 같은데요. 안전에 문제가 없을까요?

정 석 사람이 다닐 길이 부족합니다. 보도와 차도가 뒤섞여서 어디로 다녀야 할지 알 수 없는 곳도 있어요. 그래서 분리를 할 거면 확실하게 하고 이곳이 사람이 걷는 길이라는 걸 직관적으로 표시하는 게 좋아요. 차량이 다니는 길은 별도로 만들되 속도를 내지 못하도록 장치를 해주고요. 그러면 운전자들도 조심해서 안전하게 지나갈 수 있습니다. 도로 바닥재를 바꿔도 되고 공간 자체를 재구성해도 됩니다. 차가 지나다니는 도로라면 일방 통행로로 만들고 남은 차선을 보행로로 전환할 수도 있고요. 이 밖에도 여러 가지 방법들이 있겠죠.

배성호 아무래도 그러려면 실제 사용자들의 의견이 중요할 것 같습니다. 외부 전문가보다는 현실을 더 잘 알고 있을 테니까요. 그래서 아이들과 이야기를 나눠 보니, 실제 동네 지도를 보면서 어디가 위험한지 직접 표시를 하더라고요. 자연스럽게 개선점도 나왔습니다. 이 곳은 어두우니 가로등 설치가 필요하다거나 어린이 보호 구역이라는 표시를 멀리서도 잘 보이게끔 해달라거나 하는 의견이 있었습니다. 이런 내용을 모아서 지방자치단체에 편지도 쓰고요. 교과서에도 관련 부분이 있습니다. 초등학교 교과서에 보면 지역 문제 해결 단원이 있어요. '우리 생활 주변의 문제를 개선해 봅시다.' 하고 주제가 명시되어 있지요. 그러면서 느낀 건데요. 아이들 학교가 의외로 높은 지대에 자리 잡은 곳이 많더라고요. 경사가 급한 지역이 많았습니다. 이 역시 교통안전에 불리하겠지요?

정 석 경사가 급한 길은 아무래도 다니기가 불편하죠. 겨울에 눈이 쌓여서 얼면 미끄러질 수도 있고요. 어린이나 노인들이 힘듭니다. 그래서 많은 경우 가드레일 즉, 손잡이를 설치하죠. 바닥에는 열선을 매설해서 눈이 쌓이지 않게 하는 방법도 있고요. 생각해 보면 다양한 방법으로 안전을 확보할 수 있어요. 겨울뿐만 아니라 한여름도 문제죠. 비가 많이 오거나 하면 역시 안전사고 우려가 있고요. 그럴 때는 직사광선과 비로부터 보호해 주는 지붕 같은 걸 생각해 볼 수 있겠습니다. 가장자리에 지붕을 연달아 설치하면 거기는 눈비도 안 맞으니까 다니기도 수월합니다. 제가 알아본 곳 중에 일본에 있는 도쿄도립대학은 캠퍼스를 설계할 때 중요한 원칙 중 하나가 '교정 안에서는 우산을 안 써도 되게 한다'였어요. 그래서 모든 보행 동선에 지붕이 이어져 있어요. 그곳 학생들은 이제 비가 오나 눈이 오나 가방만 들고 다니면 되는 거죠.

배성호 발상이 무척 신선하네요. 예전에 언덕에 있는 학교에 다닐 때 생각이 납니다. 부끄럽게도 매번 엉덩방아를 찧어서 '꽈당 성호'라는 별명이 붙을 정도였어요. 그런데 저만 그런 게 아니더라고요. 보니까 사람들이 자주 넘어지는 지점이 있어요. 계속 그곳에서 사람들이 엉덩방아를 찧습니다. 그 말은 사고가 나도 고쳐지지 않는다는 거잖아요. 차량을 운전하다 보면 항상 사고가 빈번한 곳이 있습니다. 도로 중간에 움푹 파인 곳도 있고요. 이런 것들이 방치되어서는 안 되겠다 싶었습니다.

정 석 사람들이 걷는 길의 바닥이 굉장히 중요하다고 그랬잖아요.

걷다가 사고를 당하는 경우가 많아요. 비 오는 날 지하도 출입구 주변이 특히 미끄럽죠. 바닥 자체가 미끄러운 재질이기도 하고요. 그래서 종이 상자 같은 걸 깔아 놓는 경우도 있어요. 다른 공간과 이어지는 접점에 그런 곳이 많습니다. 아마 학교 교실 입구도 사정이 비슷할 거예요. 그래서 비나 눈이 올 때를 대비해 바닥을 거칠거칠한 재질로 만들거나 그렇게 마감 처리를 하기도 합니다.

이런 걸 흔히 볼 수 있는 데가 바로 계단 모서리이죠. 끝줄에 맞춰서 거친 재질의 재료를 붙여요. 그건 두 가지 기능을 합니다. 하나는 미끄러지지 말라는 거고, 다음은 시력이 약한 교통 약자들을 위한 배려입니다. 잘 안 보여서 헛디딜 수가 있거든요. 이런 것도 안전을 위한 세심한 배려죠.

배성호 우리 학교도 경사가 급한 언덕에 있다 보니 걱정이 되는 상황이에요. 그런데 이런 경사가 진 학교가 저희만이 아니에요.

정 석 에스컬레이터를 설치하는 것도 좋은 방법입니다. 동국대학교가 그렇게 했습니다. 역에서 학교까지 이어져 있어서 안전하게 이동할 수 있습니다. 필요하다면 지붕도 설치해서 날씨와 상관없이 쾌적하게 등하교할 수 있도록 해야죠.

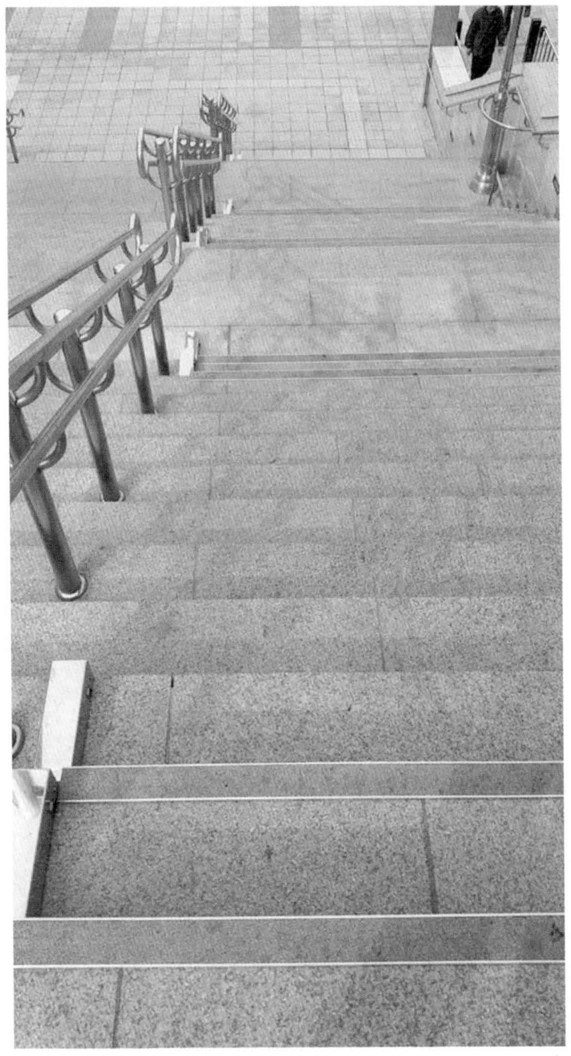

계단의 끝줄에 거친 재료 재질을 사용한 청량리역 광장 계단. ©정석

배성호 생각해 보니까 아파트 단지에도 그렇게 에스컬레이터를 운행하는 데가 있네요.

정 석 보통 고지대에 사는 분들이 불편을 많이 겪죠. 미끄러짐 사고도 있고 대중교통 수단이 도달하기 어렵다 보니 정류장에서 한참 걸어 올라가야 합니다. 그래서 콜롬비아의 보고타 같은 도시는 곤돌라를 설치했어요. 아래쪽 버스 정류장과 연결해서 고지대에 사는 사람들의 불편을 덜고 안전을 지키는 거예요. 이런 배려는 사회 경제적 약자들에게 큰 힘이 됩니다. 사회적으로도 이득이에요. 일일이 모든 사람이 차를 보유할 필요도 없고 주차장 공간을 아낄 수 있지요.

오늘날 기후 위기 때문에 이런 사회적 해결 방식이 선호되고 있어요. 탄소 배출을 줄여야 하기에 대중교통과 자전거 같은 교통수단을 권장합니다. 걸어서 충분히 이동할 수 있게 도시를 설계한다면 굳이 차를 이용하지 않겠지요. 그래서 앞으로는 자전거나 걷기만으로 그 안에서 생활도 되고 관광도 가능한 도시로 전환해야 해요. 대중교통을 편리하게 배치하면 자동차를 줄일 수 있습니다. 더불어 교통안전 문제도 해결되고요.

배성호 통학로가 비좁아서 생기는 사고도 많습니다. 너무 좁아서 비 오는 날 우산도 못 펴는 경우가 있거든요.

정 석 보통은 그 옆으로 차들이 다니죠. 도로 공간에 밀려나 있을 때가 많습니다. 그럴 때 방법은 하나예요. 주행 공간을 줄여서 충분한 보도를 확보하는 거죠. 앞서 말씀 드렸듯 양방향 도로라면 일방통행으로 바꾸고 남는 공간을 사람에게 돌려주는 방법이 있습니다. 이밖에도 다양한 대안을 모색해 볼 수 있어요. 중요한 건 보행자 위주의 사고방식입니다.

배성호 선생님 말씀을 들으면서 방법이 없는 게 아니다, 우리가 조금만 적극적으로 나서면 얼마든지 바꿀 수 있다는 생각이 듭니다.

정 석 그렇습니다. 경찰 관할도 있고 지방자치단체가 관장하는 부분도 있으니 그쪽에 계속해서 요구하면 대답을 들을 수 있을 거예요.

배성호 서울신용산초등학교 사례가 그렇죠. 그동안 통학로 주변이 무척 복잡하고 위험했는데 학생들이 편지를 쓰면서 지방자치단체에서 해결해 주었어요. 학생들 제안으로 도로 바닥도 잘 안 미끄러지는 재질로 바꾸었고요. '안전 지도' 만들기도 매우 보람 있는 활동이었습니다. 아이들과 함께 어디가 안전하고 어디가 위험한지를 조사했습니다. 그러면서 길고양이들을 보호하는 표지판을 설치하자는 등의 아이디어가 나왔지요.

정 석 경상남도 하동군 평사리 들판에 동정호라는 호수가 있습니다. 여기에 두꺼비들이 많이 살아요. 이곳에서는 두꺼비들이 길을 건너다 차에 치어 죽는 '로드킬'이 많이 일어나요. 그래서 사고가 잦은 구간의 바닥 포장 색을 바꿉니다. 두꺼비가 잘 보이게요. 듣기만 해도 가슴이 따뜻해지는 사연이지요. 길거리 동물 등이 다치지 않게 하려는 세심한 배려는 그 도시의 수준을 높여 줍니다.

배성호 반려동물이나 야생 동물을 배려하다 보면 교통 약자들에게도 도움이 된다고 생각합니다. 그리고 최근에 학교 운동장이 주차장으로 쓰이는 경우가 많아지고 있는데요. 아예 운동장 안까지 아스팔트가 깔리는 실정입니다. 아이들이 뛰어놀 공간이 점점 줄어드는 거죠. 좋은 방법이 없을까요?

정 석 자동차로 출퇴근하는 교직원이 있으면 정문을 통해서 주차장까지 들어갈 거예요. 사람과 차가 같은 동선이다 보니 사고 위험도 있어요. 그래서 이때는 입구를 분리해서 차와 사람을 분리해야 합니다. 학교 운동장의 지하를 활용해서 여기에 교직원이나 지역 주민이 쓸 수 있는 주차장을 만들어도 좋고요. 대신 지상은 차가 다닐 수 없게 하는 겁니다. 이런 식으로 공간을 분리해서 설계하면 안전하고 편리하게 생활할 수 있어요. 그래서 저는 우리가 살아가는 도시와 마을과 학교 통학로 등을 끊임없이 재설계할 필요가 있다고 생각해요. 물론 아무런 문제가 없으면 그럴 이유가 없지만요. 이게 요즘 이야기되고 있는 '도시재생'입니다. 지금 상황에 맞게 고치는 거예요. 우리가 옷을 사도 제 몸에 맞게 줄이잖아요. 우리에게 잘 맞지 않고 불편한 공간을 맞춤형으로 바꾸어야 해요.

배성호 학교 통학로와 운동장을 안전 중심으로 바꾸는 것도 그런 도시재생의 관점에서 보아야 한다는 말씀이군요. 우리가 교통안전을 이해할 때 좀 더 거시적으로 보아야 할 듯합니다. 마지막으로 교통안전과 관련해서 말씀 부탁드립니다.

정 석 저는 마을이나 도시의 주인은 그곳에 사는 시민이라고 생각해요. 우리가 직접 바꿀 수 있고 또 그래야 한다고 생각합니다. 지금의 교통안전 문제도 차가 아닌 사람 중심의 관점에서 그렇게 고쳐 나갈 수 있다고 봐요. 학교도 마찬가지입니다. 학생과 선생님들 손에 달려 있다고 생각합니다. 그러니 늘 주변을 살피고 안전을 위한 상상력을 발휘해 주시기 바랍니다. 고맙습니다.

4장

일터를 안전하게 공동체를 건강하게

_ 현재순(일과건강 기획국장)

미래 세대에 안전하고 건강한 사회 물려주기

매년 2000명이 일하다 죽는 나라가 있습니다. 그곳에서는 하루 평균 5명의 노동자가 출근했다가 집으로 돌아가지 못합니다. 떨어져 죽고 끼어서 죽고 폭발, 화재, 누출로 죽고 질식해서 죽습니다. 이 중 추락사 비율이 가장 높습니다. 후진국형 재해라고 합니다.

여러분, 우리나라는 선진국입니다. 여러 면에서 그렇습니다. 그런데 안타깝게도 일하다 일어나는 '산업 재해'는 후진국 수준입니다.

우리나라는 10만 원짜리 안전 펜스가 없어 수천 도의 용광로로 추락하는 나라입니다. 매일 2~3명이 건설 현장에서 안전망 없이 일하다가 떨어져 가족의 품으로 돌아가지 못합니다. 세계 일류 조선소 현장에서 안전 조치가 제대로 되지 않아 매월 1~2건의 추락사가 발생합니다. 자랑스럽지 못한 대한민국의 모습입니다.

더욱 안타까운 것은 이렇게 돌아가시는 노동자분들 중 70퍼센트 이상이 비정규직이라는 사실입니다. 30대 대기업의 경우로 따져보면 산재 사망자 중 95퍼센트가 하청 노동자라고 합니다. 그 이유는 위험한 작업을 외주화해서 원청이 안전을 책임지지 않기 때문입니다.

위험한 작업이라면 더더욱 원청이, 오랜 기간 숙련된 노동자가 작업해야 합니다. 하지만 우리나라 기업들은 '하도급'이라는 제도를 이용해 위험한 작업을 외주 업체로 넘깁니다. 외주 업체는 재정 규모상 원청보다는 안전에 덜 투자하게 되고 비숙련된 노동자들이 많을 수밖에 없습니다. 그 때문에 사고는 더 많이 나고 사망률도 높을 수밖에 없습니다.

우리는 이러한 상황을 보통 '구조적 모순'이라고 합니다. 그래서 '구조'를 바꾸지 않으면 근본적으로 문제를 해결할 수 없습니다. 이대로 방치한다면 다음 세대에 이러한 참혹한 사회를 고스란히 물려줄 수밖에 없는 상황입니다. 제도적으로 외주화를 제한하는 법이 필요합니다.

오랜 기간 산업 재해 당사자와 유가족들이 요구하고 있지만 쉽지 않습니다, 왜냐하면 돈보다 생명을 중시해야 한다는 사회적 합의 수준이 아직 높지 않기 때문입니다. 안전을 지키려면 당연히 비용이

들어갑니다. 우리 기업이 안전이 곧 투자라는 관점을 갖게 된다면 지금보다는 덜 위험한 사회를 우리 아이들에게 넘겨줄 수 있을 것입니다.

저는 노동자와 시민의 건강과 생명을 지키기 위한 사회적 안전망을 만드는 일을 하고 있습니다. 그중에서도 노동자들이 일하는 현장의 안전이 곧 시민이 안전, 우리가 살아가는 사회의 안전을 담보할 수 있다고 생각합니다.

노동 안전이 곧 공공 안전입니다. 지하철, 버스, 철도 노동자의 안전은 대중교통을 이용하는 시민 안전의 전제 조건입니다. 화학 공장, 발전소, 가스 등 사업장의 안전은 함께 지역 주민의 안전과 직결됩니다. 터미널, 공연장, 의료 시설, 학교 및 어린이집 등의 안전은 공중 시설을 이용하는 시민들의 안전을 책임집니다.

4장에서는 '일터를 안전하게, 공동체를 안전하게'라는 주제로 새롭게 떠오르고 있는 플랫폼 노동과 안전사고가 계속되는 이유를 살펴보고 '위험의 외주화' 문제를 다룹니다, 안전하고 건강한 사회를 어린이들에게 물려주고자 하는 마음을 전합니다.

현재순 드림

플랫폼 노동이 뭐예요?

배성호 이번 시간에는 현재순 선생님을 모시고 직업 안전에 대해서 이야기를 나눠 보도록 하겠습니다. 안녕하세요, 선생님. 선생님께서는 오랫동안 '일과 건강'이라는 단체에서 일하신 걸로 알고 있는데요. 잠시 소개 부탁드리겠습니다.

현재순 반갑습니다. 현재순입니다. 제가 일하는 '일과 건강'은 그 이름에 나타나 있듯이 일하면서 발생 가능한 건강 문제를 주로 다루는 단체이고요. 우리가 생활하는 가정과 일터에서 건강과 생명을 지키는 활동을 한다고 보시면 되겠습니다.

배성호 특히 일터에서의 안전 즉, 직업 안전은 우리 삶과 상당히 밀접하지요. 우리에게는 다양한 진로가 있는데 앞으로 학생들이 취업을 했을 때 당장 마주해야 할 문제이고요. 당장 특성화고 학생들만 하더라도 직접 현장으로 실습을 나가지 않습니까? 여러 모로 관심을 두어야 할 문제인 것 같습니다. 그렇다면 우리가 일상적으로 '직업 안전'을 어떻게 이해하면 좋을까요?

현재순 우리가 일터에서 지내다 보면 다양한 안전 문제와 부딪히게 됩니다. 일터에는 다양한 종류의 직업군이 있고요. 요즘은 집에서 일하는 분도 많습니다. 그래서 '직업 안전'은 다양한 노동 환경에서 안전 문제를 다룹니다. 나와 상관없다고 할 수도 있지만, 아르바이트를 하더라도 안전 문제가 있을 수밖에 없어요. 그러니까 우리 모두가 사실은 노동자로서 살아가며 직업인으로서 마주하는 안전 문제가 삶 속에 있는 것이죠. '직업 안전'은 그만큼 우리 삶과 밀접한 문제를 다루고 있어요.

배성호 우리 교육 과정에서 그동안 진로 문제와 교육을 좀 떨어뜨려 놓았던 것 같아요. 그래서 상대적으로 직업 안전 의식이 많이 부족한 것 같습니다. 학생들 모두 졸업하면 직업을 갖게 되는데 말이에요. 요즘은 '노동'의 개념이 많이 바뀌어서 그 내용과 형식이 많이 변한 것 같아요. 그래서 '직업 안전'에서 소외되는 사례도 많고요. 특히 최근에는 '플랫폼 노동' 문제가 많이 언급되고 있습니다.

현재순 그렇습니다. 최근 언론에서도 많이 소개되었지만 '플랫폼'이라면 기차를 타고 내리는 역이 먼저 생각날 텐데요. 정거장처럼 사람들이 모이고 거래가 오고 가는 시스템으로 일종의 '시장' 같은 개념입니다. 요즘 스마트폰으로 물건을 사고파는 일이 많죠. 그중에는 음식도 있어서 이걸 중간에서 매개하는 배달 주문 업체가 생겼어요. 이때 여기서 일하는 택배·오토바이 배달 노동자 등이 바로 플랫폼 노동자라고 할 수 있어요. 전통적인 직장이라면 회사를 책임지는 사람이 있고 그 사람의 지시를 받아 일하면서 임금을 받습니다. 이때 사업주는 노동자의 안전을 지킬 의무가 있고요. 그런데 플랫폼 노동의 경우 '콜'을 받고 움직이다 보니 안전사고가 발생했을 때 책임을 물을 대상이 모호합니다. 명목상 프리랜서 혹은 개별 사업자에 해당하기 때문입니다.

배성호 최근에 우리가 플랫폼 노동에 주목하게 된 데는 코로나19 사태도 영향이 큰 듯합니다. 그동안 우리가 몰랐던 노동의 가치를 새삼 일깨워 주었어요.

현재순 그렇죠. 코로나19 팬데믹이 시작되면서 플랫폼 노동자들이 기하급수적으로 늘어났습니다. 식당에 가는 대신 비대면으로 배달을 시켜서 먹는 분들이 늘었어요. 그런데 그만큼 안전 문제가 불거졌습니다. 배달하다가 사고가 나고 또 과중한 업무에 의한 과로 등이 빈번해졌습니다. 그런 부분들이 이제 드러나기 시작한 거예요. 그동안 30분 배달제, 새벽 배송 등 배달 시간을 재촉하고 심야 노동을 할 수밖에 없는 구조적 문제를 소비자 입장으로만 생각하다가 이제는 일하는 사람들의 안전 문제를 돌아보게 되었습니다. 그나마 늦었지만 다행스러운 일이라고 생각하고 더욱 확대되야 한다고 봅니다.

배성호 직업 안전이라고 하는 게 우리 생명과 직결되어 있는 만큼 더불어 함께 사는 사회가 되려면 이 문제에 좀 더 관심을 두어야 한다고 생각합니다. 예전에도 패스트푸드 음식 제조사에서 배달 시간을 제한해서 안전사고가 많아지는 등 부작용이 있었잖아요. 그때는 사람들이 빨리 음식을 받고 싶은 마음에 노동 환경에 대해서는 잘 몰랐습니다. 그러다 팬데믹 이후 배달 노동자가 많아지면서 의식도 조금 달라진 거 같아요.

현재순 예전에 피자 배달하던 청년 노동자가 오토바이 사고로 사망하는 사고가 있었어요. 당시 업체에서는 30분 배달 보장제를 시행하고 있었습니다. 노동자로서는 어떻게든 그 시간 안에 물건을 전달하려고 무리할 수밖에 없었지요. 그러다 결국 끔찍한 사고가 났어요. 이 일이 언론을 통해서 세상에 알려지자 많은 분들이 시간제를 폐지하라고 요구했습니다. 저희 '일과 건강'에서도 온라인에서 폐지 운동을 벌였고요. 그 결과 지금은 그런 제도가 사라졌습니다. 물론 아직도 부족한 점이 많아요. 배달 노동자들은 여전히 시간에 쫓깁니다. 많이 배달할수록 돈을 더 버는 구조이기 때문이에요. 안전보다 수익이 우선하는 한 사고는 계속될 수밖에 없습니다.

배성호 생존을 위해서도 그렇고 또 자아실현을 위해서도 노동과 일이 참 중요하지요. 그런데 어떤 일이든 일하다가 사고를 당하고 목숨까지 잃는다는 건 매우 안타까운 일입니다. 이를 막을 방법은 없을까요? 오토바이 배달 같은 경우는 안전모가 큰 효과가 있다고 하는데요. 어떨까요?

현재순 안전모는 매우 중요한 안전장치예요. 우리나라에서 사망 사고가 많은 유형 중에 하나가 사다리 작업입니다. 흔들린다 싶으면 그냥 뛰어내리면 되는데, 안 떨어지려고 버티다가 머리를 다치는 경우가 많습니다. 보통 2~3미터 높이에서 작업하는데 상대적으로 낮다 보니 안전모 착용을 잘 안 합니다. 우리나라에 직업 안전을 지키기 위해 마련된 '산업안전 보건기준에 관한 규칙'이라는 게 있어요. 여기 보면 "물체가 떨어지거나 날아올 위험 또는 노동자가 추락할 위험이 있는 작업"을 할 때는 안전모를 지급하고 착용하게끔 되어 있어요. 그런데 실제로 보면 그냥 작업하는 경우가 많아요. 안전모를 쓰면 답답하잖아요. 하지만 생명을 지키는데는 큰 역할을 하니 꼭 써야 합니다.

그리고 안전모와 같은 보호구보다 더 중요한 것은 바로 작업 현장의 안전성 확보입니다. 우리나라에는 노동자들의 건강과 생명을 지키기 위한 법이 있어요. '산업안전보건법'이라는 사업주의 의무를 규정하고 있는 법인데요. 사업주는 노동자에게 보호구를 지급하기 이전에 보호구 없이도 안전하게 일할 수 있도록 작업 환경을 먼저 개선해야 한다고 되어 있어요. 보호구의 제한적 지급 규정인데요. 말 그대로 보호구 지급 이전에 작업 현장 개선 노력을 최대한 하고 그래도 어렵다면 제한적으로 보호구를 지급하라는 것입니다. 따라서 안전모를 안 쓴다고 뭐라고 하기 이전에, 작업 현장이 얼마나 안전한가를, 사업주가 해야 할 의무를 했는지를 먼저 따져야 해요. 그게 맞는 순서예요.

배성호 제가 해외 사례를 조사하다 보니 선생님 말씀처럼 작업 현장의 안전에 매우 신경을 쓴다는 걸 알게 되었습니다. 독일을 방문했

베를린 오페라 하우스 리모델링 공사 현장. ©배성호

을 때 제가 직접 사진을 한 장 찍어 왔어요.

오페라 하우스 리모델링 공사장인데 노동 현장 사진을 전시하듯이 붙여 놓았더군요. 한쪽에서는 이 건물을 짓는 주인공이라는 문구도 있었고요. 현장에서 일하는 독일 사람들만이 아니라 인근 나라들에서 온 이주 노동자들을 존중하기 위해서 만들었다고 합니다. 무척 인상적이었어요. 이런 식의 존중과 배려가 안전한 현장을 만든다는 생각이 들었습니다.

현재순 오늘의 이야기 주제와도 통하는 부분인 것 같습니다. 우리가 '노동은 신성하다'는 말을 많이 하잖아요. 그런데 우리나라는 힘든 작업 환경일수록 이 말이 적용되지 않아요. 그래서 더 많이 위험에 노출되고 사고가 빈발하는 것 같습니다. 앞서 말씀드린 플랫폼 노동자의 안전 문제도 그전에는 그런 환경에 있다는 것조차 우리가 몰랐잖아요. 그만큼 '일' 자체를 존중하지 않는다는 생각이 들어요.

앞서 말씀하신 독일의 건설 현장과 비교해 보면 더 잘 알 수 있습니다. 우리는 건설 현장을 큰 장벽으로 가리는 데 중점을 둡니다. 사람들로 하여금 거기에 어떤 사람들이 어떤 일을 하는지 알지 못하게 해요. 마치 아무 일도 없는 것처럼 보이려고 애쓰는 느낌입니다. 외국은 정반대예요. 독일의 현장처럼 내부 현장을 소개하거나 아예 투명판을 설치해서 안이 훤히 들여다보이게 합니다. 외부에서도 현장의 안전 등을 확인할 수 있지요.

배성호 그만큼 안전 확보에 자신이 있다는 거 아닐까요? 식당도 주방이 공개된 곳이 청결하잖아요.

현재순 그렇습니다. 그만큼 안전 의식도 높아요. 제가 아는 어떤 분이 스웨덴 건설 현장에 가서 안전 관리 담당자에게 물어보았답니다. "현장에서 사망 사고가 나면 어떻게 합니까?" 그랬더니 돌아온 답이

"건설 현장에서 노동자가 왜 죽습니까?"였다고 해요. 사전에 예방 조치가 잘 되어 있다는 이야기겠지요. 보통 건설 현장에서 가장 많은 사망 사고가 추락이거든요.

우리 법에도 그래서 안전망을 설치하게끔 되어 있긴 해요. 그럼에도 사고가 발생하는데, 스웨덴 안전 담당이 저렇게 자신감 있게 대답했다는 건 우리보다 훨씬 안전하고 꼼꼼하게 설치했다는 이야기겠지요. 우리도 그럴 수 있습니다. 빈틈을 찾아서 더 촘촘하게 안전 시설을 설치하면 최소한 지금보다는 사망률을 줄일 수 있어요.

안전사고가 계속되는 이유가 뭐예요?

배성호 교육부에서 7대 안전 영역에 '직업 안전'을 포함시키고 있는데요. '안전 사회'를 만들려면 우리 일터의 안전을 빼놓을 수가 없는 거예요. 그런 의미에서 노동환경건강연구소에서 펴낸 『고통에 이름을 붙이는 사람들』이라는 책에 나오는 내용이 무척 의미심장합니다. 3부 제목이 '시민은 노동자를 어떻게 존중해야 하는가'인데요. 그걸 보면서 어쩌면 우리가 스스로를 위험으로 내모는 건 아닌가 하는 생각을 했어요.

우리 주변에 소외된 노동이 너무 많아요. 환경미화원, 경비 노동자, 배달 노동자 등 우리가 일상에서 많은 도움을 받는 분들인데, 이런 분들의 작업 환경이 무척 위험하다고 들었습니다.

현재순 환경미화원 같은 경우 처리해야 할 쓰레기에 깨진 접시나 유리 조각이 있어서 손을 베이거나 하는 일이 많아요. 그리고 또 하나는 장소 이동을 할 때 청소차에 거의 매달리다시피 하잖아요. 그러다가 추락 사고가 일어나기도 하고요. 예전에는 새벽일을 하다가 과로로 쓰러지는 분도 많았습니다. 유해 물질 노출, 추락 위험 등 건강을 위협하는 요인이 많아요.

배성호 그런데 이런 일들이 당장 우리 삶에 큰 영향을 주거든요. 내가 사는 곳의 쓰레기가 단 일주일이라도 방치된다고 상상해 보세요. 길 곳곳이 쓰레기로 넘쳐나지 않을까요? 그만큼 중요한 일임에도 그런 일을 하는 분들에 대한 배려가 너무 없는 것 같아요.

현재순 저희가 민주노총 등 시민 사회단체들과 함께 '환경미화원에게 씻을 권리를'이라는 캠페인을 벌인 적이 있습니다. 왜냐하면 이 분들이 일하고 나서 씻을 데가 없어요. 문제는 사람들이 내다버린 쓰레기에 오염 물질이 상당하다는 거예요. 그런데 이걸 그대로 몸에 묻히고 가정으로 돌아간다면 문제가 있죠. 가족과 어린 자녀들이 위험 물질에 노출될 수 있습니다. 그래서 저희가 일을 마치고 씻을 수 있는 시설을 마련해 달라고 요구했어요. 휴게실 같은 데서 씻고 빨래도 하고 옷을 갈아입을 수 있게요. 가정에서는 오염 물질을 제대로 제거할 수 없잖아요. 그래서 이런 캠페인을 벌였고요. 성과도 있었습니다. 지자체에서 직접 고용하는 환경미화원분들은 거의 그런 시설을 보장받고 있는 걸로 알고 있어요. 다만, 아쉽게도 직접 고용이 아닌, 도급 하청업체 소속 환경미화원분들은 지금도 여전히 위험 속에서 일하고 있는 상황입니다.

배성호 우리는 직업과 상관없이 안전하게 생활할 권리가 있습니다. 우리 헌법은 모든 국민은 인간다운 생활을 할 권리가 있다고 명시하고 있어요. 인권적 측면에서 직업 안전을 바라보아야 할 것 같네요. 환경미화원도 그렇지만 실내에서 일하시는 분들도 안전 관련 문제가 있을 수 있어요. 뜻하지 않은 곳에서 화학 물질에 노출됩니다. 예를 들어 화장품을 소개하거나 직접 다루는 일이 그렇습니다.

현재순 우리가 매니큐어를 지울 때 리무버라는 약품을 쓰는데요. 냄새가 무척 독하죠. 전문 용어로 휘발성 유기 화합물이라고 하는데요. 여기에 발암 물질 등 위험한 화학 성분이 들어가 있어요. 그래서 이런 물질을 직접 다루면 위험할 수밖에 없고요. 실제로 네일아트 종사자들이 두통과 눈 자극, 기침 등의 증세를 보입니다. 그래서 저희가 외국의 사례들을 알아보니까 국소 배기 장치를 사용하고 있었습니다. 책상 아래에 환기 장치가 되어 있어서 호흡기로 유해 물질이

'환경미화원에게 씻을 권리를' 캠페인 포스터. ©민주노총

들어오지 않게 조치합니다. 이런 노력들이 우리에게도 도입되었으면 좋겠어요. 제가 일하는 노동환경건강연구소에서 네일샵 실태를 조사하여 조금씩 외부에 알리고 있습니다.

배성호 환기 장치를 두면 종사자는 물론 소비자도 안전해질 수 있겠네요. 기술적으로 안전을 확보하려는 노력이 무척 인간적으로 느껴지네요. 영세한 작업장일수록 위험에 노출되어 있는 우리로서는 안타까운 생각도 듭니다. 최근에 가정을 방문해서 에어컨 설치를 하던 분이 추락사했다는 뉴스를 보았는데요. 이런 일이 계속 일어나는 이유가 뭘까요?

현재순 안전 확보가 안 되어 있기 때문이고 이는 '비용' 때문입니다. 에어컨이나 인터넷 등 주택 외부에서 작업해야 할 때는 고소 작업용 차처럼 안전하게 작업할 수 있는 장치가 있어야 해요. 그런데 여기에는 돈이 들어가잖아요. 설치 기사 분들이 대부분 용역을 받아서 일하는 프리랜서 개념이다 보니 개인 비용으로 이걸 감당할 수가 없어요. 그래서 실제로 보면 전봇대에도 올라갔다가 베란다 창문에 매달렸다가 하면서 위험천만하게 작업할 때가 많아요. 위험을 감수하면서 일할 수밖에 없는 거예요.

소비자는 이분들이 제품을 만든 회사나, 인터넷 공급 회사 직원인 줄 알아요. 해당 회사 이름이 적힌 작업복을 입고 일하기 때문입니다. 하지만 두세 단계 하청을 받아서 일해요. 원청 회사 직원이 아닙니다. 그래서 사고가 나도 책임을 지는 사람이 없어요. 온전히 개인의 몫입니다. 우리가 흔히 얘기하는 '위험의 외주화'입니다. 안전을 확보하려면 돈이 들어가니까, 그런 일을 외주로 줘요. 그러다 보니 현장에서 위험도는 높아지고 그러면서 사고가 계속 일어나는 거죠. 정작 상품을 파는 원청 기업은 막대한 이익을 봅니다. 그래서 원청 업체가 안전을 책임지라는 말이 계속 나오는 거예요.

배성호 그렇죠. 일반 소비자들이 잘 모르는 사실이 많습니다. 우리가 안전이라고 하면 눈에 보이는 부분도 있지만 방금 말씀하신 것처럼 어떤 '구조'에서 비롯하는 사고가 많아요. 면밀히 살펴야 할 것 같습니다. 제가 사는 아파트 단지만 해도 경비 노동자들이 있는데, 이분들이 밤새워 일할 때가 있어요. 도대체 언제 일을 끝내는지 모를 정도로 격무에 시달리는 것 같아 볼 때마다 안타깝습니다.

현재순 실제로 하는 일이 많습니다. 원래 경비원은 법적으로는 관리감독 일을 하는 노동자예요. 하지만 잘 안 지켜지고 있는 거예요. 현실에서는 주차 관리부터 시작해서 쓰레기 관리, 택배 관리 등 다양한 일을 해요. 그러니까 노동 시간이 상당하죠. 고령인 분들이 많은 데다 일이 많으니 과로할 수밖에 없습니다. 여기에는 '경비원'에 대한 잘못된 인식도 한몫해요. 마치 허드렛일이나 하는 사람으로 생각하잖아요. 사회적으로 경비원들의 노동을 존중하는 분위기가 형성되어야 한다고 봅니다.

배성호 직업 안전의 사각지대라고 할 수 있겠네요. 그런데 이런 문제가 비단 어느 한 영역에 국한되어 있지 않은 것 같습니다. 학생들이 선망하는 요리사도 작업 환경이 열악하다고 들었어요. 특히 프랜차이즈 빵집에서 일하는 분들 관련해서 안전 문제가 불거진 적도 있습니다.

현재순 프랜차이즈 업체 같은 경우 노동 시간 문제가 가장 커요. 끼니도 제대로 챙겨 먹지 못하고 일하는 경우가 다반사예요. 법적으로 보장한 휴일도 잘 쓰지 못하고 있어요. 안전하게 일할 권리가 제대로 보장받지 못하고 있어요. 학생들이 선망하는 직종인 요리사도 마찬가지입니다. 방송에도 등장하고 해서 '셰프'라는 직업에 대한 인식이 좋아졌어요. 하지만 현실은 조금 다릅니다. 조리 과정에서 유해물질에 노출되는 경우가 많기 때문입니다.

최근 학교 급식실 노동자들의 폐암 발병이 조리 과정과 관련이 있음이 밝혀져 산업 재해로 인정받았습니다. 조리 시 발생하는 연기를

조리 과정에서 조리 흄에 노출되는 급식실 노동자. ©현재순

'조리 흄fume'이라고 하는데요. 고온에서 기름 등을 태울 때 발생하는 연기에는 벤조피렌 등 발암 물질이 있어요. '셰프'도 똑같은 위험에 노출되어 있어요. 작업 환경이 비슷하니까요.

배성호 조리실의 안전도 우리가 관심을 갖고 살펴보아야 할 것 같습니다. 이번에는 방송·영화 쪽을 한번 살펴볼까요? 우리가 환상을 갖고 있는 분야라 직업 안전 문제와는 조금 동떨어졌다고 생각하기 쉬운데요. 실상은 어떻습니까?

현재순 사고 가능성은 늘 있습니다. 2022년 6월에 유지태 배우가 방송에서 사회 복지를 공부하게 된 이유를 밝혀서 화제가 된 적이 있습니다. 당시 함께 영화를 찍던 무술 감독이 사고로 죽는 사고가 발생했어요. 그럼에도 아무런 보상도 받지 못했지요. 이런 문제의식 때문에 스태프와 엑스트라 분들의 권리를 보장하기 위한 운동도 하고 있다는 내용이었습니다. 그만큼 방송 현장의 안전 문제가 크다는 이야기입니다.

어려운 사람에게 손을 내미는 마음

배성호 말씀을 나누다 보니 우리 사회 곳곳에 안전을 위협하는 요소들이 있다는 걸 알게 되었습니다. 저도 학교 현장에서 아이들과 이 문제를 이야기하면서 '노동'을 부끄러워하지 않게끔 하려고 노력합니다. 그중 하나가 가족들의 손을 직접 그려 보게 하는 거였어요. 일하시는 분들 손을 보면 굳은살과 상처가 있잖아요. 저는 이런 것들이 땀 흘려 일하는 삶의 소중한 증표라는 것을 아이들이 알았으면 합니다. 이 내용이 신문에 소개된 적도 있어요.

선생님께서도 책에서 이와 비슷한 이야기를 하신 적이 있습니다. '나와 우리 가족이 이곳에서 평생 일해도 좋겠는가?'라는 질문에 그렇다고 대답할 수 있을 만큼 일터 현장이 바뀌었으면 좋겠다고 했어요. 우리가 안전한 일터를 만들어 나갈 방법에 대해 말씀 부탁드리겠습니다.

현재순 한마디로 일하는 사람 입장에서 생각해 보자는 거예요. 그것이 바로 노동 존중이고 생명 존중입니다. 이런 생각들이 모여서 여론을 만들고 그 여론이 바로 지금의 법과 제도를 바꿀 수 있어요. 저는 이러한 배려가 직업 안전의 출발점이라고 생각해요.

배성호 존중과 배려를 통해서 우리가 함께 안전한 사회를 만들자는 말씀인 것 같습니다. '건강권'을 강조하셨는데요. 어떤 내용인지요?

현재순 현장에서 노동하시는 분들이 산업 재해로 다치고 목숨을 잃는 일이 많다 보니까 이런 현실을 어떤 관점에서 사람들에게 알릴지 고민하는 과정에서 생겨난 말이에요. 우리에겐 누구나 다치지 않고 일할 권리, 일하다 병들고 죽지 않을 권리가 있잖아요. 그래서 '건강권'이라는 말은 이런 뜻을 담고 있습니다.

배성호 너무나 당연한 일인데 '권리'라고 주장해야 할 정도로 현실이 열악하다는 게 한편 안타깝습니다. 제 친구 중에도 프레스 공장에서 일하다가 손가락이 잘리는 사고를 당한 경우가 있어요. 당시 친구와 함께 펑펑 울면서 왜 그런 실수를 했느냐고 했는데, 나중에는 그게 더 마음이 아팠어요. 왜냐하면 그건 친구 탓이 아니잖아요. 안전장치가 있었다면 충분히 막을 수 있는 사고였습니다.

현재순 안전장치가 없지는 않았을 거예요. 현장에는 대부분 기계에 센서가 있어서 손이나 물체가 들어오면 자동으로 멈추게 되어 있습니다. 그런데 그러면 작업 속도도 늦어지고 생산성이 낮아지는 지장이 생기니까, 이걸 꺼놓는 데가 많아요. 그래서 사고가 나는 겁니다.

배성호 따지고 보면 노동 현장의 안전 문제는 아주 오래전부터 제기되어 왔어요. 1970년 전태일 열사가 분신하면서 외친 것도 바로 건강하게 일할 권리 아니겠습니까? 그러려면 더 많은 사람들이 함께해야 할 텐데요. 2019년에 전태일기념관 주체로 풀빵연대 걷기 대회가 있었는데요. 이런 연대의 중요성을 일깨우기 위한 행사였던 것 같습니다.

현재순 전태일 열사가 과거에 본인 차비를 아껴서 어린 여성 노동자에게 풀빵을 사 주지 않았습니까? 자기도 힘들지만 더 어려운 사람에게 손을 내미는 마음이야말로 진정한 연대의 정신이라고 생각합니다. 그런 정신을 되살리고자 하는 행사였어요.

배성호 우리가 전태일 정신을 말할 때 빼놓을 수 없는 부분이지요. 당시 전태일 열사가 일하던 평화시장의 봉제 공장은 어떤 곳이었는지 말씀해 주실 수 있을까요?

현재순 하루 15시간 이상 거의 쉬지 않고 일했다고 보시면 됩니다. 노동자들은 각종 먼지와 유해 물질에 그대로 노출되어 있었어요. 그래서 호흡기 질환에 많이 걸렸죠. 그럼에도 제대로 된 치료 등을 받지 못했어요. 근로기준법만 제대로 지켜졌어도 이런 일은 없었을 겁니다. 당시에도 노동 시간은 법으로 정해져 있었어요. 특히 15세 이상 18세 미만 청소년 노동자는 하루 7시간 이상 일하면 안 되었고요.

전태일 열사가 주장한 게 다름 아닌 바로 이 근로기준법 준수입니다. 장시간 노동을 줄이고 건강 검진을 받게 해달라는 거였어요. 아주 당연하고 상식적인 이야기였죠.

배성호 이미 있는 법을 지키라고 요구하는 것도 힘들 정도로 암울한 시대였습니다. 그런데 우리가 '근로기준법'이라고 하는 게 교과서에도 나오고 대부분 이름을 들어서 알고 있는데요, 구체적인 내용은 모르시는 분들이 많아요. 심지어 '근로자'는 '노동자'가 아니라고 생각하는 사람도 있습니다.

현재순 법률적으로 근로자와 노동자라는 말은 근본적으로 같습니다. 다만 우리 사회가 '노동자'라는 말을 오랫동안 불온시해 온 탓에 왠지 꺼림칙하게 여겨지지요. 우리 헌법에는 노동 3권을 보장합니다. 그중엔 노동조합을 결성할 수 있는 단결권이 있고요. 그럼에도 군사독재 정권은 오랫동안 이를 탄압해 왔어요. 그러다 보니 '노동'이라는 말이 금기가 되었습니다. 대신 '근로'라는 말을 썼고요. 그래서 '노동'의 원래 뜻을 복원하고자 하는 취지에서 '노동 안전'이라는 표현을 쓰고 있어요.

법률적으로는 '산업 안전'이라고 하죠. 관련법도 '산업안전보건법'입니다. 이 두 개념은 약간의 차이가 있어요. '산업 안전'이 육체 노동에 한정해서 건강과 생명을 지키는 일을 뜻한다면 '노동 안전'은 여기에 정신 건강을 포함합니다. 직무 스트레스로 인한 우울증이나 뇌심혈관계 질환 등을 '노동 안전'의 문제로 보고 있어요.

배성호 인권의 역사가 기본적인 자유권에서 시작해서 평등권 그리고 사회권으로 확대되어온 것처럼 일터 안전도 '산업 안전'에서 '노동 안전'으로 확장되었다고 보면 되겠군요. 그런데 이미 헌법에서 보장하고 있는 권리를 보장받기가 왜 이렇게 힘든 걸까요?

현재순 우리 헌법이 보장하는 노동 3권은 구체적으로 다음과 같아요.

헌법 제33조 1항을 그대로 옮기면 다음과 같습니다. "근로자는 근로 조건의 향상을 위하여 자주적인 단결권·단체 교섭권 및 단체 행동권을 가진다."

단결권은 노동조합 결성권과 관련이 있어요. 노동조합이 사업주와 동등한 입장에서 교섭할 권리가 '단체 교섭권'입니다. 그런데 협상을 하다 보면 잘 안 될 때가 있어요. 이때 노동자가 행사할 수 있는 최후의 수단이 바로 단체 행동권, 즉 파업입니다. 우리 헌법이 이를 노동자의 권리로 부여하고 있어요. 그런데 현실은 이런 권리들이 제대로 보장되고 있지 않아요. 노동조합 자체를 불온시하고 파업이라도 하려면 엄청난 사회적 질타와 마주해야 합니다.

예를 들어 지하철 파업이 그래요. 시민 불편을 핑계로 대부분 언론이 노동조합을 비난합니다. 이미 오래전에 노동조합이 자리 잡은 유럽의 경우는 전혀 상황이 달라요. 시민들이 불편을 감수하면서 파업을 지지합니다. 그게 결과적으로는 자신들의 생명과 재산을 지킨다는 걸 알기 때문이에요. 우리 사회도 인식이 조금씩 바뀌고는 있습니다. 앞으로 어디선가 파업을 한다고 하면 그 이유를 한번 찾아보고 공감하는 사회가 되었으면 해요.

배성호 시야를 넓혀서 보면 안전하게 노동할 권리는 세계적으로 매우 중요한 주제예요. 국제연합[UN] 산하의 국제노동기구[ILO]가 노벨 평화

2016년 사고가 일어난 구의역 '9-4' 승강장 앞에서 고인을 기리며 묵념하는 노동자들. ©공공운수노조

상을 받았던 이유도 이 때문이라고 생각합니다.

현재순 벌써 꽤 오래전이에요. 1969년도에 받았으니까요. 당시 수상 이유가 세계 각국에서 노동 조건 개선을 위해 노력했다는 것이었습니다. 이미 50여 년 전에 노동에 대한 존중을 평화의 문제로 인식했던 거예요.

배성호 노동 조건이 우리 삶의 평화에 중요하다는 뜻인 것 같네요. 안타깝지만 다시 우리 대한민국의 현실로 돌아와야겠는데요. 2016년 구의역에서 스크린도어 수리를 하던 외주업체 직원이 사고로 목숨을 잃는 사건이 발생했습니다. 당시 안전을 확보하라는 여론이 높았음에도 2022년 같은 사고가 정발산역에서 또다시 발생합니다. 이런 일들이 반복되는 이유가 뭘까요?

현재순 앞서 '위험의 외주화' 말씀을 드렸었는데요. 지하철역 사고도 마찬가지입니다. 비용을 아끼려다 사람 목숨을 잃게 된 거예요. 이런 일은 사회 곳곳에서 계속되고 있습니다. 외부로 알려지지 않아서 그렇지, 우리나라에서 한 해에 산업 재해로 사망하는 사례가 2000여 건이나 돼요. 지금도 하루에 평균 5명이 어딘가에서 산업 재해로 목숨을 잃고 있다는 거예요.

구의역 사고의 경우 언론에 알려지면서 많은 이들이 주목했습니다. 더 안타까웠던 건 피해자 가방에서 컵라면이 나왔다는 건데요. 쉽게 말해서 밥 먹을 시간도 없었다는 거죠. 그런데 보니까 1호선부터 4호선까지 그런 사고가 유독 많았습니다. 이유가 무엇일까요? 바로 '위험의 외주화'였습니다. 스크린 도어 안전 관리를 직접 하는 5~8호선은 그런 사고가 거의 없었어요.

배성호 태안 화력발전소도 그렇죠. 여기도 하청 노동자가 일하다 목숨을 잃었어요.

2018년 홀로 일하다 사고를 당한 청년 노동자 김용균 씨의 동상.
태안 화력발전소 정문 근처에 세워져 있다. ⓒ김용균재단

현재순 2018년이었죠. 태안 화력발전소에서 석탄을 나르는 컨베이어 현장에서 청년 노동자 한 분이 끔찍한 사고로 목숨을 잃었어요. 여기도 조사해 보니 하청업체에서 안전 관리를 맡고 있었습니다. 하청업체는 어떻게든 비용을 아끼려고 해요. 안전 관리에 소홀할 수밖에 없습니다. 유가족 분들이 중심이 되어 더는 이런 불행한 일이 있어서는 안 된다며 법 개정 운동에 나섰어요. 덕분에 38년 만에 앞서 말씀드린 산업안전보건법이 전면 개정되었어요. 이를 계기로 원청업체의 책임을 더 강하게 묻게 되었습니다.

위험의 외주화

배성호 학교 현장에서는 현장 실습에 대한 걱정이 많습니다. 취업을 앞둔 특성화고의 학생들이 업체에 실습을 나가는 데요. 거기서 안전사고로 목숨을 잃는 일이 자꾸 생겨요.

현재순 우리나라 현장 실습 제도에는 큰 문제가 있습니다. 안전이 제대로 보장되어 있지 않아요. 학교에서는 어떻게든 취업률을 높이려고 하고 업체에서는 저임금으로 노동력을 충당하려고 합니다. 그러다 보니 안전은 뒷전으로 밀리고 어린 학생들만 희생당하는 거예요. 사고가 일어나도 사람들의 시선이 쏠려 있을 때는 금방이라도 바꿀 듯 하다가 잠잠해지면 손을 놓습니다. 현장 실습 사고가 끊이지 않는 이유예요. 예방에 힘쓰지 않고 사고 수습에 급급해요.

우리나라의 일터는 세계에서 가장 위험하다고 해도 과언이 아니에요. 지난 20여 년간 산업 재해로 인한 사망률이 OECD 가입국 중에서 손에 꼽을 정도로 높아요. 그럼에도 제도적 보완은 이루어지지 않습니다. 산업 재해와 관련해서 우리나라 안전 보건 정책의 가장 큰 허점은 사고 원인을 대부분 작업자 부주의로 돌린다는 점이에요. 정부 통계를 보면 60~70퍼센트를 작업자 부주의로 보고 있습니다.

배성호 우리가 흔히 얘기하는 '안전 불감증'이로군요. 제도의 문제가 아니라 개인의 문제로 본다는 뜻이네요.

현재순 누군가의 부주의로 사고가 났다는 생각은 그 자체로 일터의 안전을 해칩니다. 사람은 신이 아니지 않습니까? 누구나 실수를 할 수 있어요. 그렇다고 해서 죽거나 다쳐야 한다는 건 말이 안 되거든요. 선진국을 비롯해서 많은 나라들은 접근 자체가 다릅니다. 사람이 실수를 하더라도 사고가 나지 않게 하거나 사고가 나더라도 그 피해가 최소화되게끔 모든 정책과 제도가 맞춰져 있어요.

'안전 불감증'이라는 말에는 의도가 있습니다. 안전에는 돈이 들어갑니다. 결국은 비용을 아끼겠다는 거예요. 사고 당한 사람 잘못이니 따로 돈을 들여 안전장치를 할 필요가 없다는 이야기잖아요. 그래서 일하는 사람도 안전이 자기 권리라고 생각 못 해요. '안전 불감증'이 아니라 '권리 불감증'입니다. 상황이 이렇다 보니 같은 사고가 반복되는 거예요.

배성호 안전을 비용의 문제로 본다는 건 사업주 입장이라는 건데요. 말씀하신 대로 건강하게 일할 권리에 대한 인식이 높아져야겠습니다. 학교에서도 이 부분에 대한 교육이 이루어져야 할 것 같고요.

현재순 산업안전보건법이라고 하는 것은 사업주를 규제하는 법입니다. 사업주에 의무를 부여하고 이행을 안 하거나 회피하면 벌금이나 과태료를 물립니다. 이윤을 추구하는 입장에서는 이 법을 지키는 게 더 이익이어야 하고요. 그런데 법을 안 지켜도 벌칙이 크지 않다 보니 손해볼 일이 별로 없어요. 이러니 사고 나기 전 사전에 어느 사업주가 돈을 들여 예방을 하겠어요. 웬만하면 그냥 두는 거죠. 권리를 가진 노동자가 계속 요구를 해야 해요. 그런데 아직은 그런 목소리가 크지 않은 거죠. 일단 일을 하는 게 중요하니까요. 말하자면 산업현장이 의무도 권리도 없는 곳이 되어 버린 겁니다. 당연히 사고가 날 수밖에 없어요.

배성호 정리하자면, 일터의 안전을 위협하는 '위험의 외주화' 같은 요인을 개선해야 한다는 것과, 스스로 안전하게 일할 권리를 찾으려는 움직임이 필요하다는 말씀인 것 같습니다.

현재순 '위험의 외주화'는 법적으로 해결이 되어야 하는 문제예요. 당연히 국회와 정부가 나서야 하고요. 유권자인 국민이 계속 요구해야 합니다. 또한 법을 만들었다고 해도 사업주가 벌금을 내는 게 더 이익이라면 소용이 없습니다. 중대재해처벌법이 만들어진 이유도 바로 이것 때문이고요. 사업주들의 인식 전환도 필요합니다. 안전을 소홀히 할수록 이윤이 많이 남는 구조를 더는 허용해서는 안 됩니다.

배성호 직업 안전 공부를 하다가 '작업 중지권'이라는 걸 알게 되었는데요. 예를 들어 전화 안내 노동자들이 성희롱이나 언어폭력에 노출되었을 때 정부가 작업을 중시시키는 거예요. 사업주는 작업을 중지시키고 안전 조치를 취해야 한다고 되어 있고 노동자는 작업을 중지하고 대피할 수 있게 되어 있더군요.

현재순 네, 우리나라 산업안전보건법에 세세히 규정되어 있어요. 특히 52조 '근로자의 작업 중지' 부분은 노동자에게 직접 회피 권리를 주었다는 점에서 중요합니다. 작업장에서 위험 요소를 누가 가장 잘 알 수 있을까요? 당연히 직접 그 일을 하는 노동자입니다. 그래서 가장 실효성 있는 안전 대책 조항이라고 할 수 있는데요. 이 부분은 2018년 태안 화력발전소 사고가 있은 후 개선됐습니다. 법에 따르면 '급박할 위험'을 느낄 때 작업 중지를 행사할 수 있는데, 기존 법에서 이 부분이 모호했어요. 그래서 현장에서 잘 보장되지 않았어요. 작업을 그만 두었을 때 사업자가 손해를 볼 수 있기 때문에 이런저런 이유를 들며 꺼렸습니다. 그러다가 노동자 관점에 맞추게 개정이 됐습니다. 이제는 노동자가 위험하다고 생각해서 일을 중지하더라도 사업주가 이의를 제기할 수가 없습니다.

배성호 그나마 다행입니다. 앞서 잠시 현장 실습의 안전 문제에 대해 이야기 나누었는데요. 마지막으로, 선생님이 보시기에 어떻게 하면 우리 학생들 안전과 건강을 지킬 수 있을지, 유의할 점 등을 말씀해 주시면 좋겠습니다.

현재순 원래 현장 실습의 의의를 살려야 합니다. 지금은 학생들 적성 등과 상관없이 취업률을 올리기 위해 실행되는 경우가 많아요. 그러다 보니 학교에서 배운 업무와 별 상관이 없는 사업장으로 나가게 됩니다. 그래서 우선은 부모님이나 선생님과 상의해서 원하는 분야에 실습을 나갈 수 있도록 하자는 게 첫 번째예요.

그리고 사업주가 이 법을 악용해서 저임금으로 노동력을 활용하려는 방향으로 가지 않게끔 제도적인 보완이 있어야 합니다. 그러려면 근로 계약서나 표준 협약서 같은 것들을 꼭 작성하고 지키도록 해야 하고요. 이 부분은 일반적인 취업도 마찬가지입니다. 그래야 나중에 부당한 대우를 받을 때 이를 근거로 보호받을 수 있어요.

배성호 너무도 당연한 일인데 근로 계약서를 안 쓰는 경우가 많아요. 뭐 그런 걸 일일이 따지느냐는 분위기가 있습니다. 그런데 여기에 자신이 해야 할 일, 또 안전에 대한 지침 등이 포함되게 되잖아요. 매우 중요한 거죠. 그러니까 학생들도 꼭 근로 계약서를 요청하고 그 내용을 꼼꼼히 살펴보아야 합니다.

현재순 이건 교육 현장에서도 중요한 주제예요. 우리가 사회 초년생으로 사회에 나가면 다들 두려움이 있잖아요. 회사 분위기도 그렇고 해서 자기 권리를 잘 이야기 못 할 때가 많습니다. 하물며 고등학생이라면 더 하겠지요. 불이익이 있더라도 참기 쉬워요. 그래서 저희가 교육을 나갈 때는 항상 강조합니다. 부당한 일이 점점 커져서 결국 사고로 이어지니, 부당한 일을 당하면 학교 측에 연락해서 충분히 상의한 후 대응하라고 해요. 그래야 자기 안전을 지킬 수 있습니다.

5장
건강하게 일할 수 있어요

_ 임상혁(녹색병원 원장)

안전한 일자리를 위한 연대가 필요합니다

사람들은 일을 통해 단지 돈만 버는 것이 아닙니다. 노동의 즐거움을 얻을 수 있습니다. 학교 선생님은 제자들이 성장하는 모습에서, 식당 조리사는 손님이 음식을 맛있게 먹는 것에서, 건설 노동자는 완성된 건물에서 노동의 즐거움을 얻습니다. 이러한 것들이 우리가 노동을 하는 이유일 것입니다.

그런데 병들거나 다치면 노동을 할 수 없습니다. 노동을 할 수 없다면 이는 본인에게도 불행한 일이지만 그 노동자를 고용한 기업에도, 국가에도 큰 손해입니다. 따라서 기업과 국가는 일하는 사람이 다치고 병들지 않도록 보호해야 합니다. 기업과 국가가 노동자의 건강을 보호하기 위해 할 수 있는 가장 효과적인 방법은 바로 일터에서 사고나 질병을 예방하는 일입니다. 노동자의 건강을 보호하고 사고를 예방하기 위해 '산업안전보건법'이 만들어졌고, 이를 위반하여 중대 재해가 발생하면 '중대재해처벌법'으로 처벌받게 됩니다. 노동자의 건강을 보호하고 사고를 예방하는 것은 기업과 국가의 의무입니다.

1988년 한국에서 일어난 16세 소년 문송면 군 수은 중독 사망과 원진레이온 이황화탄소 중독 사건은 기업과 국가가 자신의 의무를 다하지 못해 발생한 사건입니다. 그 후로 30여 년이 지난 지금, 노동자의 건강은 어떨까요? 아직도 1년에 700명의 노동자가 사고로 사망하고 있고, 질병으로 사망한 노동자를 포함하면 약 2000명의 노동자가 매년 죽고 있습니다. 안타까운 것은 사고 사망 노동자의 70퍼센트 이상이 비정규직 노동자, 소규모 영세 사업장 노동자라는 것입니다.

기업과 국가로부터 보호받지 못하는 노동자에게 연대의 손길을 내밀어야 합니다. 사망한 노동자들을 추모하고 다시는 일하다 병들고, 죽는 일이 없도록 우리 모두가 힘을 모아야 합니다. 기업과 정부가 자신의 책무를 다할 수 있도록, 노동자들이 자신의 권리를 지킬 수 있도록 우리 모두가 이들을 배려하고 연대해야 합니다.

임상혁 드림

선생님, 직업병이 뭐예요?

배성호 안녕하세요. 이번 시간에는 녹색병원 임상혁 원장님을 모시고 직업병에 대해서 이야기를 나눠 보도록 하겠습니다. 안녕하십니까?

임상혁 반갑습니다. 직업병 노동자의 건강을 연구하고 있는 임상혁이라고 합니다.

배성호 저희가 보통 '직업병' 하면 일하다가 아프거나 병이 생기는 걸 말하는데요, 정확이 그 뜻이 무엇인가요?

임상혁 한마디로 직업을 통해서 생기는 질병을 말합니다. 만약에 어떤 사람이 병에 걸렸는데, 직업과 관련이 없다고 하면 그건 직업병이 아닙니다. 그냥 질병인 셈이에요. '직업병'은 비교적 최근에 생긴 개념이에요. 처음 세상에 알려진 게 진폐증입니다. 광산 등에서 석탄을 캐던 분들이 호흡기를 통해 탄가루가 들어가면서 폐가 손상되는 병을 얻었어요. 굴착하면서 생긴 소음으로 난청이 발생하기도 합니다. 이런 것들이 바로 대표적인 직업병이에요.

시대가 흐르고 산업이 변하면서 직업병도 바뀝니다. 우리나라의 경우 1960년대는 앞서 말씀드린 진폐증이나 난청이 많았다면 70~80년대 들어서는 중독이 직업병에 많이 들어와요. 그때부터 유해 화학 물질이 많이 사용되었기 때문입니다. 최근에는 서비스업이나 사무직에서 생기는 직업병이 많아지고 있는 추세예요.

배성호 직업병도 시대에 따라 변한다는 말씀이군요. 제가 아는 분도 진폐증으로 고생을 하셨는데요, 사무직 노동자들도 직업병에 걸린다는 말씀이 조금 생소합니다. 주로 어떤 질환이 있을까요?

임상혁 대표적인 것이 브이디티VDT 증후군입니다. 컴퓨터 화면을 오랫동안 들여다보면서 일할 때 발생하는 일련의 질병들을 말해요. 사무직 노동자들이 어깨, 손목 등의 통증을 호소합니다. 눈에 문제가 생길 수도 있고요. 이 증후군 외에도 업무와 대인 관계 스트레스 등으로 정신 질환이 발생할 수 있어요. 직업적인 요인으로 생긴 것이니 직업병에 해당합니다.

배성호 최근 서비스 직종이 많아지면서 '감정 노동' 이야기가 많이 나옵니다. 콜센터 노동자들이나 응대를 전문적으로 하는 노동자들이 언어폭력과 성희롱 등에 노출되면서 심하면 우울증까지 겪는다고 하더군요.

임상혁 그렇습니다. 우리나라 산업 구조가 제조업 중심에서 서비스업 중심으로 바뀌면서 사람을 상대하는 직업이 많아졌어요. 이분들이 하는 '감정 노동'이라는 게 자기 느낌이나 기분을 숨겨야 하거든요. 상대가 욕설을 해도 "죄송합니다, 고객님" 이렇게 응대해야 합니다. 일반 직장인들도 거래처나 회사 상급자에게 소위 말하는 '갑질'을 당할 때 스트레스가 심해요. 그래서 서비스직, 사무직 노동자들이 정신적인 질환에 많이 걸립니다.

배성호 사실은 학교 현장도 그런 부분에서 자유롭지 않아요.

임상혁 외국에서는 널리 알려져 있습니다만, 우리가 '번아웃 증후군'이라고 해서 오랜 기간 업무 스트레스로 우울증 비슷한 현상이 찾아

오거든요. 여기에 가장 많이 노출된 직종이 바로 교사예요. 제가 선생님들 인터뷰를 한 적이 있는데 학생 관련 일이나 학부모 응대부터 시작해서 스트레스 요인들이 상당하더군요.

배성호 수업 자체보다는 예를 들어 학생 간 폭력 사건이 일어났을 때 처리 방식을 두고 갈등이 많을 수밖에 없습니다. 그 과정에서 많이 지치고 힘들어지죠.

임상혁 그래서 직업병이라는 게 요즘은 육체 노동자냐 사무직 노동자냐를 가리지 않고 굉장히 광범위하게 적용되는 개념이라는 점을 기억하셔야 해요.

배성호 그럼 각 직종별로 한번 살펴볼까 하는데요. 직접 몸을 쓰는 육체노동의 경우 어떤 직업병이 있을까요?

임상혁 우리가 흔히 '골병' 든다고 하죠? 바로 단순한 일을 반복적으로 했을 때 벌어지는 현상입니다. 산업화의 특징이 바로 '분업'이잖아요. 누군가는 나사를 조이고 누구는 용접을 하죠. 이런 식으로 특정 육체 노동을 수행하시는 분들이 겪는 직업병이 있어요. 우리 몸은 골고루 사용해야 합니다. 그런데 특정 부위의 근육을 계속 사용하면서 문제가 발생해요.

배성호 마치 야구 선수가 공을 계속 던지다 보면 어깨가 손상되는 것도 그런 경우겠네요.

임상혁 그렇습니다. 주로 제조업 현장에서 일하는 노동자들이 그런 직업병에 노출되어 있어요. 계속 같은 자세로 같은 근육을 쓰면서 여러 병을 얻어요.

배성호 우리가 어려운 시기를 거쳐 지금의 산업화와 민주화를 이루었는데요. 그동안 묵묵히 땀 흘려 일했던 분들을 제대로 보살피지 못한 것 같습니다. 그나마 우리 사회가 직업병에 관심을 갖게 된 계기가 1970년 전태일 열사의 분신 사건이었을 텐데요. 당시 직업병 상황은 어땠을까요?

임상혁 『전태일평전』에도 나오는 내용이지만, 당시 전태일 열사가 평화시장 노동자들을 대상으로 설문 조사를 했어요. 그랬더니 제일 많은 게 호흡기 질환이었어요. 호흡기로 공장 먼지들이 다 들어오니까, 폐가 상합니다. 호흡기 질환에서 빠지지 않은 게 당시 결핵이었고요. 이 부분은 작업 환경도 영향이 있지만 기본적으로 영양 상태가 좋지 않았기 때문입니다. 당시 방직 노동자들이 제대로 먹지도 못하고 일했다는 이야기예요. 그리고 위장병도 상당히 많았던 것으로 드러납니다.

직업병으로
고통받는 분들을 위한 병원

배성호 민주화 이후로 전태일 열사의 이야기는 우리 초·중·고등학교 사회나 역사 교과서에서 다루어지고 있습니다. 그만큼 노동에 대한 인식이 높아졌다는 이야기겠지요. 경제 발전도 중요하지만 여기에서 소외되는 사람 없이 골고루 행복하게 잘살아야 하잖아요. 우리가 인권 측면에서 직업병을 바라보는 이유이기도 하고요. 1980년대만 해도 이런 인식이 많이 부족했어요. 대표적인 사례가 16세 나이의 청소년이 수은 중독으로 사망한 사건입니다.

임상혁 당시 사망한 문송면 군은 16살이었어요. 올림픽을 앞두고 있던 1988년 2월에 중학교를 졸업하고 바로 취업에 나섰어요. 당시에는 집안 사정 때문에 고등학교에 진학 못 하는 경우가 많았습니다. 문송면 군도 그랬습니다. 살림살이가 넉넉지 못했기에 서울 영등포에 있는 한 공장에 취직했어요. 수은을 이용해서 형광등이나 온도계 등을 만드는 협성계공이라는 회사였습니다. 회사를 다니면서 야간 고등학교에 갈 계획도 세웠습니다. 그런데 그만 입사 두 달 만에 수은 중독으로 사망한 거예요. 그때는 일하다 죽어도 직업병으로 인정을 못 받던 때였어요. 사회단체들이 연대하고 투쟁하면서 결국 노동부 장관의 사과를 받아냈어요. 우리 사회에 직업병에 대한 인식을 높이고 노동 환경의 중요성을 알린 역사적인 사건이었습니다.

배성호 이 사건이 선생님의 인생 진로에도 큰 영향을 미쳤다고 들었습니다.

임상혁 그렇습니다. 같은 해인 1988년 여름 원진레이온 사건이 발생하죠. 지금 40~50대 분들은 알고 있을 텐데요. 전국을 뒤흔든 일대 사건이었습니다. '레이온'은 인조견을 말해요. 그러니까 인공적으로 만든 가짜 비단인 거죠. 원진레이온은 당시 이 인조견을 만드는 국내 유일의 회사였습니다. 그만큼 규모도 컸죠. 그런데 인조견을 만드는 과정에서 이황화탄소라고 유독 물질이 발생해요. 문제는 이를 처리하는 안전장치가 부실했던 겁니다. 무려 1000여 명의 노동자가 여

녹색병원 전경. ©녹색병원

기에 중독되고 그중 200여 명이 사망하게 돼요. 세계적으로 유래를 찾아보기 힘들 정도의 사건이었어요.

이 문제가 사회적으로 크게 이슈화되면서 다시는 이런 일이 없어야 한다는 여론이 형성되고 또 실제로 많은 개선이 이루어집니다. 제가 일하는 녹색병원이 그때 설립되었어요. 노동자, 시민 단체, 의료인들이 힘을 모은 결과입니다. 원진레이온 사건 같은 비극이 다시는 일어나지 않도록 우리나라 직업 환경을 연구하고 조사하는 기관도 생겼습니다. 바로 제가 소장으로 일했던 노동환경건강연구소예요. 결국 원진레이온 사건이 지금의 저를 만든 것이나 다름없지요.

배성호 직업병으로 고통받는 분들을 위한 병원이 우리나라에도 있다는 게 너무 다행스럽고 고마운 일인 것 같습니다. 그런데 이름을 '녹색'으로 하게 된 특별한 이유가 있나요?

임상혁 우리가 원진레이온 사건으로 내원하신 환자들을 대상으로 공모를 했어요. 이때 여러 이름이 나왔는데 최종적으로 '아름다운 병원'과 '녹색 병원' 이 둘을 놓고 논의했습니다. 평화와 환경 그리고 건강 등을 상징하는 '녹색'이라는 이름이 선정되었어요. 당선작을 제안한 환자분께 선물도 드렸습니다.

배성호 일반 환자분도 많이 이용하시는 걸로 알고 있는데요. 최근 인권 치유센터가 개소하면서 좀 더 지역 사회와 밀접해지는 것 같습니다. 직업병에 대한 인식이 부족했던 시절 많은 분들의 치유를 도와준 고마운 병원이라는 생각이 드네요.

임상혁 『전태일평전』에 이런 이야기가 나옵니다. 전태일 열사가 근로기준법을 연구하는데 보니까 전부 한자예요. 그때 '대학생 친구가 하나 있었으면 좋겠다. 그랬다면 우리에게 큰 도움이 되었을 텐데.'

전태일 병원이 되겠다고 선언하는 녹색병원. ©녹색병원

하고 생각했다는 거예요. 녹색병원의 취지가 그렇습니다. 당시 전태일 열사가 자기 차비를 아껴서 여공들에게 풀빵을 사서 나눠 주거든요. 우리 사회에서 보호받지 못하고 아파하는 노동자들이 굉장히 많았습니다. 이분들은 가난해서 혹은 잘 몰라서 제대로 된 치료를 못 받았어요. 그래서 녹색병원이 그런 분들에게 풀빵을 나눠 주는 병원이 되겠다, 전태일 병원이 되겠다, 하고 선언한 거죠. 당시 노동자들에게는 건강, 직업병 문제를 노동자 편에서 조사하고 연구하는 사람들이 있었으면 하는 바람이 있었어요. 노동환경건강연구소도 그렇게 만들어졌고, 지금에 이르게 된 것이지요.

배성호 덕분에 오늘날 노동자들이 믿고 찾을 수 있는 병원으로 자리매김한 것 같습니다. 다행스러운 일이에요. 개인적으로도 노동환경건강연구소와 인연이 있습니다. 제가 국정 초등 사회 교과서를 집필하면서 주위를 관찰하다 보니, 어느 날 마트 계산대에 의자가 들어왔더라고요. 그전까지는 계산 노동자들이 서서 일했잖아요. 무슨 일인지 알아보니 노동환경건강연구소에서 '서서 일하는 서비스 여성 노동자에게 의자를'이라는 캠페인을 하셨더라고요. 덕분에 마트 노동자들의 직업 환경이 개선된 거예요. 캠페인을 벌이게 된 계기가 따로 있나요?

임상혁 앞서도 말씀드렸지만 우리나라 산업 구조가 굉장히 많이 바뀌게 돼요. 과거 중공업 위주에서 서비스 중심으로 재편되면서 그 자리에 여성 노동자들이 들어옵니다. 마트나 편의점, 인스턴트 음식을 파는 곳에서 일하는 사람들 대부분이 여성이에요. 그런데 보시면 늘 서서 일합니다. 아마 하루 종일 서 있어 본 분들은 알 거예요. 그 자체가 무척 고된 노동이에요. 그래서 이분들이 의자에 앉을 수 있게 하자, 건강을 보호하자는 취지로 시작하게 되었어요.

배성호 오래 서서 일하시는 분들도 직업병에 걸리게 될까요?

임상혁 물론입니다. 가장 흔한 게 종아리 혈관이 붓는 하지 정맥류 같은 질환이고요. 서 있으면서 많이 움직이지를 못하니까 요통 등에도 시달립니다.

배성호 선생님들도 그런 경우가 종종 있습니다. 그렇다면 예방법은 어떤 게 있을까요?

임상혁 중간에 앉아서 근육 긴장을 풀어 주시는 게 좋고요. 다리를 위로 들었다 내렸다 하면서 제자리 운동을 해도 효과가 있습니다. 학교 선생님들 같으면 목을 많이 쓰는 직업이라서 성대에 혹이 생기는 성대 결절도 많이 걸리죠. 귀찮더라도 마이크를 써서 목을 보호하시는 게 좋습니다. 성대가 건조하면 마찰로 인해 염증이 생기기 쉬우니 물도 자주 드시고요. 이런 작은 습관이 직업병 예방에 큰 역할을 합니다.

배성호 알지만 막상 실천하기가 어렵죠. 일을 하다 보면 거기에 몰입해서 자세나 습관을 교정하기가 어렵기도 하고요.

'서서 일하는 서비스 여성 노동자에게 의자를' 캠페인을 벌이고 있는
노동환경건강연구소 회원들 모습.(2008년)
ⓒ노동환경건강연구소

두 그림은 계산을 하는 모습이지만 다른 점이 있다. 어떤 점이 다를까? 바로 계산대의 의자이다. 의자가 있고 없고에 따라서 일하는 사람들의 모습이 달라진다는 것을 알 수 있다.

예전에는 계산대에 의자가 없었다. 그래서 오랜 시간 계산대에서 일하는 사람들은 다리가 붓거나 건강에 문제가 생기는 경우가 많았다. 이런 문제를 해결하기 위하여 많은 사람들이 뜻을 모아 '서서 일하는 사람들에게 의자를 놓아 주자'는 캠페인을 펼쳤다. 그 결과 오른쪽 그림처럼 계산대에 의자가 설치되었다. 이처럼 사람들이 관심을 가지고 노력하면 인권을 더욱 보장받을 수 있다.

'서서 일하는 서비스 여성 노동자에게 의자를'이라는 캠페인은
2018년 6학년 2학기 사회 교과서에서 '일터에서의 인권'이라는 주제로 다루었다.

임상혁 맞습니다. 그러니 스스로 안전과 건강을 우선으로 삼아야 해요. 일을 열심히 하는 것도 좋지만 자기 건강을 지킬 수 있어야 합니다.

배성호 노동환경건강연구소에서 의자 두기 캠페인 외에도 '착한 손잡이' 캠페인을 하신 걸로 알고 있습니다. 이건 어떤 내용인가요?

임상혁 보통 짐을 나르는 일을 할 때 상자에 담아 옮기는데요. 그러다

보면 허리나 관절에 무리가 갑니다. 그런데 손잡이가 있다면 어떨까 싶었어요. 대부분 다 경험하셨을 테지만 손잡이가 있는 상자와 없는 상자는 큰 차이가 나요. 손잡이 있는 상자가 훨씬 편하고 몸에 무리도 덜 갑니다. 그리고 또 하나 저희 연구소에서 요청해서 법을 바꾼 사례가 있는데요. 술 상자의 무게를 줄인 겁니다.

배성호 마트나 슈퍼마켓에 있는 궤짝을 말씀하시는 거죠? 소주와 맥주가 칸칸이 들어 있는. 예전에는 그래서 소주 한 짝, 두 짝, 이렇게 불렀던 것 같아요.

임상혁 그렇습니다. 예전에는 소주의 경우 40병씩 들어 있었어요. 지금은 30병이에요. 노동환경건강연구소에서 노동자 안전을 위해 무게를 줄이자고 요구했거든요. 그 결과 그렇게 바뀐 겁니다.

배성호 정말 예전 상자는 엄청나게 무거웠네요. 이런 작은 변화들이 앞으로도 계속되었으면 좋겠습니다.

다쳤을 때 이렇게 해요 —상황별 응급 처치법

배성호 이번에 나눌 이야기의 주제는 응급 처치인데요. 예방이 우선이긴 하지만 피치 못할 이유로 사고를 당할 수 있잖아요. 이때의 대처법, 어떤 게 있을까요?

임상혁 우선 우리가 응급 처치의 중요성에 대해 잘 알고 있어야 합니다. 응급 처치는 생명을 구하는 일이에요. 적절한 응급 처치는 목숨을 살립니다. 또한 응급 처치를 잘하면 이후 치료가 신속하게 이루어질 수 있어요. 환자들의 회복도 빠릅니다. 최소한 상태가 더 나빠지지 않을 수 있어요. 이만큼 중요한 게 바로 응급 처치입니다. 그러니 더 많은 분들이 그 방법을 알고 있어야 해요.

배성호 '골든 타임'이라는 말에서도 알 수 있듯이, 위급 상황에서 초반 대처를 어떻게 하느냐가 중요한 것 같습니다. 저도 교사 생활을 하면서 응급실을 몇 차례 갔었는데요. 그럴 때마다 응급 처치의 중요성을 실감합니다. 구체적으로 사례를 하나하나 짚어 나가면서 말씀 나눠 보겠습니다. 먼저 가볍게 시작을 해볼까요? 보통 학교에서도 그렇고, 갑자기 코피가 날 때가 있는데요. 이럴 때는 어떻게 해야 하나요?

임상혁 우리 코 앞부분에 혈관들이 많이 모여 있거든요. 여기에 손을 대거나 어떤 이유로 충격이 가해지면서 피가 나는 경우가 많습니다. 그래서 이때는 고개를 숙이고 콧잔등 쪽을 엄지와 검지로 눌러 지혈하셔야 해요. 그러면 곧 피가 멈출 겁니다. 보통 고개를 쳐들거나 하는데, 이러면 피가 기도로 넘어갈 위험이 있어요. 코를 휴지로 틀어막는 것도 썩 좋은 방법은 아닙니다. 피가 고이고 거기 균이 생길 수도 있어요. 그러니 피 난다고 당황하지 말고 앞서 말씀드린 데로 압박만 제대로 해도 코피는 곧 멈춥니다.

배성호 우리가 습관적으로 고개를 뒤로 젖히는데 좋은 방법이 아니었군요.

임상혁 그러면 보통 피가 목으로 넘어가기는 하는데, 간혹 기관지로 들어가는 경우가 있어요. 그래서 안전하게 앞으로 숙이라고 하는 거예요. 그런데도 피가 멈추지 않으면 그 상태로 병원에 가시면 됩니다.

배성호 아이들이 운동장에서 뛰어놀다가 넘어져서 무릎에서 피가 나거나 손에서 피가 나는 경우가 많거든요. 우리 학생들이 이럴 때 어떻게 하는 게 좋은가요?

임상혁 그런 경우 응급 처치의 목적은 피를 멈추는 것입니다. 당황하지 말고 손수건 같은 걸로 누르고 있으면 자연스레 지혈이 될 거고요. 그런 다음 보건실을 찾아 소독을 하거나 약을 바르면 됩니다. 만약 상처에 이물질이 많이 묻었다 싶으면 흐르는 물로 씻어요. 그런 다음 보건실을 찾아가서 상처를 봉합하거나 해야죠.

배성호 아이들이 머리 쪽도 자주 다치는데요. 미끄러지거나 해서 머리 쪽이 찢어지는 경우가 있어요.

임상혁 저도 그런 경험이 있습니다. 이때도 마찬가지로 우선 피를 멈추게 하는 게 중요한데요. 앞서 했던 것처럼 똑같이 손수건 등으로 눌러서 지혈하고 상처 주위가 오염됐다면 물로 씻어내는 거예요. 그 다음 병원에 가시면 됩니다.

배성호 그다음 학교에서 많이 발생하는 사고가 뼈가 다치는 건데요. 골절 말고도 발이 삐거나 손목이 삐는 경우가 있어요. 이럴 때는 어떻게 대처하는 게 좋을까요?

임상혁 통증을 줄이는 게 우선입니다. 차가운 얼음 같은 걸로 찜질을 하면 좋아요. 그 다음에는 그쪽으로 피가 몰리게 되니까 통증이 생길 텐데요. 다친 부위를 심장보다 높게 두면 좋습니다. 가능하면 나무판 등으로 다친 쪽 뼈가 움직이지 않도록 고정하시고요. 그런 다음 병원으로 가면 정확한 상태를 알 수 있습니다. 뼈가 부러졌는지, 혹은 타박상인지 등을 판단한 후에 적절한 치료를 받으면 될 것 같습니다.

배성호 그리고 저희가 과학 실험을 하거나 조리 실습을 하다가 화상을 입을 때가 있거든요. 화상 시에 필요한 응급 처치에는 무엇이 있을까요?

임상혁 화상은 중증도에 따라 1·2·3도로 나뉩니다. 1도 화상은 피부

표피층이 손상된 상태예요. 우리가 보통 햇볕에 오래 있다 보면 피부가 벌게지잖아요. 그런 정도의 화상이 바로 1도 화상입니다. 이때는 찬물에 담그거나 해서 해당 부위의 온도를 낮추면 됩니다.

2도 화상은 손상 부위가 더 깊어서 피부 표피 아래인 진피까지 들어간 상태인데요. 이때도 온도를 낮추는 게 우선이에요. 찬물에 10분 이상 담급니다. 수포가 생기는 경우가 있는데 절대 손으로 만지거나 터뜨려서는 안 돼요. 3도 화상은 매우 상태가 심해서 피부 전층이 손상된 상태입니다. 바로 병원에 가야겠지만 이동하는 중간에라도 계속 차갑게 온도를 낮춰 주세요. 이때도 수포는 절대 건드리면 안 됩니다. 오랫동안 찬물에 담그는 게 포인트예요.

배성호 물로 온도를 낮춘 상태에서 신속하게 병원을 찾는다는 거네요.

임상혁 그렇습니다. 학교라면 보건 교사가 따로 계실 테니 거즈와 연고 등으로 처치한 후에 병원으로 가면 되겠습니다. 이렇게 응급 처치를 하고 병원에 가면 치료가 쉽고 예후도 좋아요.

배성호 아이들끼리 부딪치거나 해서 이가 빠지거나 부러지는 경우도 있습니다.

임상혁 그럴 때는 떨어진 치아를 꼭 찾아서 병원에 가져가세요. 운이 좋으면 붙여서 그대로 사용할 수 있습니다. 깨끗이 닦아서 케이스 등에 담아 가세요. 소독 액에 담가서 가면 더 좋고요.

배성호 요즘 반려동물이 많다 보니 개 물림 사고도 발생합니다.

임상혁 개에 물리거나 고양이한테 할퀴는 일이 종종 생겨요. 할퀴는 거야 상처를 치료하면 되지만 물림 사고는 좀 더 복잡합니다. 반려동물 입 안에 세균이 많거든요. 이때 조심해야 할 게 광견병이에요. 이 병은 매우 위험해요. 그러니 물린 개 주인에게 광견병 예방 주사를 접종했는지를 꼭 확인하세요. 만약 안 맞았다면 곧바로 병원에 가셔서 그 사실을 이야기해야 합니다. 두 번째는 파상풍입니다. 이 병은 감염 속도가 빨라서 신속히 조치를 해야 해요. 어찌 되었든 개에 물렸다면 바로 병원으로 달려가세요.

배성호 눈을 다쳐서 오는 아이들도 꽤 있는데요. 이럴 때는 조금 난감해요.

임상혁 눈에 뭐가 들어갔거나 점막에 손상을 입었다면 흐르는 물에 상처 부위를 깨끗이 씻는 게 좋습니다. 그런 다음 상처가 계속 나빠지거나 피가 난다거나 하면 병원으로 가셔야 해요. 상처가 깊은지, 다른 문제는 없는지 안과에 가면 바로 확인할 수 있습니다.

배성호 여름철 일사병도 빈번한데요. 아이들이 운동장에서 열심히 뛰어다니다가 갑자기 쓰러져요. 아이들도 굉장히 당황스러워합니다.

임상혁 그럴 때는 직사광선을 피할 수 있는 장소로 이동해서 환자를 눕히고 충분히 수분을 섭취하게 해주어야 합니다. 그렇게 있다 보면 몸도 식고 의식도 곧 돌아올 거예요.

배성호 식사 시간에 아이들이 갑자기 기도가 막혀서 숨을 못 쉴 때가 있습니다. 이건 자칫 생명이 위태로울 수 있는 상황으로 알고 있는데요.

임상혁 그렇죠. 뭘 먹다가 혹은 잘못 삼켜서 응급실을 찾는 경우가 많아요. 이럴 때 가장 많이 하는 응급 처치가 바로 '하임리히법'입니다. 환자를 뒤에서 끌어안은 다음에 환자 명치 쪽으로 자기 양손을 깍지 끼듯이 잡아요. 그런 다음 위로 확 끌어올립니다. 환자의 기도에 충격을 주어서 막고 있는 음식물을 튀어 나오게 하는 거예요. 이렇게 해서 생명을 구한 사람이 많습니다. 기도 폐쇄로 산소 공급이 안 되

심폐 소생술 교육 장면. ©사하구청

는 상태가 지속되면 사망에 이르거나 회복하더라도 영구 장애를 입게 돼요. 그러니까 음식물을 먹다가 이런 일을 당하는 사람을 보았다면 바로 응급 처치를 실시하고 다른 사람의 도움을 얻어 119에 신고해 주세요.

배성호 저희가 매년 학교에서 심폐 소생술 교육을 받는데요. 압박을 상당히 강하게 하더군요. 갈비뼈에 손상이 가지는 않을까요?

임상혁 심폐 소생술 시 체중을 실어서 상대의 명치 아래를 주기적으로 압박하잖아요. 실제로 그러다가 갈비뼈가 많이 부러집니다. 하지만 걱정 안 하셔도 돼요. 3~4주 지나면 회복되니까요, 중요한 건 생명입니다. 뼈 부러질까 봐 살살하실 필요는 없어요. 심장을 충분히 압박할 수 있게끔 강하게 눌러 주세요.

배성호 심폐 소생술로 죽어가던 사람을 구한 일들이 방송에도 많이 나오던데요. 그만큼 중요한 응급 처치라는 거겠지요?

임상혁 응급차가 오기까지는 시간이 걸립니다. 그때까지는 어떻게든 심장이 뛰게 해서 우리 몸에 피가 돌게 해야 해요. 실제로 119 요원들이 도착했을 때 가장 먼저 하는 일도 심폐 소생술입니다.

배성호 요즘엔 자동 심장 충격기가 설치되어 있는데. 이 기기도 효과가 매우 좋다고 들었습니다.

임상혁 심장에 전기 충격으로 심장을 뛰게 하는 기기예요. 만약 사고가 발생했다면 맨 먼저 119에 신고를 하고 그런 다음 자동 심장 충격기를 가져오세요. 물론 이때도 계속해서 누군가는 심폐 소생술을 하고 있어야 합니다. 심정지 환자에게 주어진 시간은 4분이에요. 응급 처치는 신속함이 생명입니다.

배성호 좋은 말씀 감사합니다. 우리가 일상에서 정말 꼭 필요한 이야기를 나누었다고 생각해요. 마지막으로 저희에게 당부하실 말씀이 있다면 부탁드리겠습니다.

임상혁 일상에서는 늘 크고 작은 사고들이 일어납니다. 때로는 작은 상처로 끝나지만 어떤 사고는 우리의 생명을 위협할 정도로 심각해요. 응급 처치는 그런 사고를 당했을 때 우리의 생명을 구하고 회복을 돕는 매우 중요한 행동입니다. 여러분들이 응급 처치 요령을 잘 익혀서 자신과 친구, 이웃의 생명을 지킬 수 있었으면 합니다.

맺는 글

안전은 모두를 위한 배려입니다

학교에서 아이들과 안전 수업을 하면서 느낀 점이 있습니다. 하나는 우리 아이들이 정말 안전에 관심이 많다는 것이었고 다른 하나는 아이들의 상상력이 우리의 안전을 지키는 데 큰 힘이 되겠다는 것이었습니다.

현재 전국적으로 학교 현장에서 펼쳐지는 수업이 있습니다. 바로 안전 지도 만들기입니다. 안전 지도 만들기는 초등 4학년 사회 교과서에 수록될 정도로 교육 현장에 정착된 교육입니다. 사실 이 안전 지도 만들기로 잊을 수 없는 특별한 워크숍을 한 적이 있습니다. 모 지역에서 2년 연속으로 통학로에서 학생이 안타깝게 사고로 목숨을 잃은 일이 생겼기 때문입니다. 이런 일을 되풀이하지 않기 위해 지역 교육청에서 해당 지역 선생님들과 학부모님들이 함께 모여서 안전 지도 만들기 워크숍을 진행했었습니다.

실제 안전 지도 만들기 수업에서는 학생들이 직접 동네 마을 안전 지도를 그리고 내가 살아가는 곳, 즉 자신의 삶터 소개하기를 합니다. 그 과정에서 학교가 새롭게 보이고 우리의 일상 공간이 낯설어 보이는 경험을 할 수 있습니다. 우리가 늘 지나다니는 길, 차와 사람이 뒤섞인 혼잡한 통학로…. 그 과정에서 이런 상황이 정말 괜찮을까 하는 생각이 들게 됩니다. 그럼 학생들과 함께 만든 지도에서 안전하지 않다고 생각되었던 곳들을 찾아서 그 이유와 해결 방안을 논의합니다. 그리고 구청장이나 군수, 지역 의원들에게 편지를 쓰는 것입니다. 그 결과 전국 여러 학교에서 변화들이 생기고 있습니다. 지역 파출소에서 순찰로를 바꾸고 도로 포장 사업 등이 진행되고 있거든요. 일상에서 실천할 수 있는 일은 아주 많습니다. 그리고 그것은 언제나 '배려'와 '존중'에서 시작합니다.

안전한 환경에서 살아가려면 많은 노력이 필요합니다. 유해 물질처럼 우리 건강을 위협하는 물질로부터 안전을 지켜야 해요. 또한 보행자의 안전을 위협하는 요인들을 찾아서 고쳐야 합니다. 또한 일하시는 분들의 환경을 지금보다 더 안전하게 만들어야 해요.

코로나19라는 시대 속에서도 우리가 평소와 다름없이 생활할 수 있었던 데는 배달 노동자, 청소 노동자 같은 분들의 땀과 노력이 있었기 때문입니다. 청소 노동자들이 아니라면 우리는 비위생적이고 불결한 환경에서 살고 있을 거예요. 이런 분들이 안전하게 일할 수 있도록 배려하는 일은 결국 우리 자신을 돕는 일이기도 합니다.

제가 독일 연방정치교육원에서 열린 세미나에 참석했을 때 건설 노동자가 그려진 실물 크기의 입간판을 본 적 있습니다. 이 건물을 짓고 있는 사람을 존중하자는 취지였어요. 일하는 사람을 대하는 태도가 우리와 크게 달랐던 거예요. 저는 매우 깊은 인상을 받았습니다. 그리고 독일 사회의 민주주의에는 이러한 '존중'이 함께하고 있다고 느꼈어요.

학교로 돌아온 저는 나름대로 실천 방법을 찾기로 했습니다. 학교 영양사 선생님과 조리실 종사자분들의 동의를 받고 급식실 사진을 찍었어요. 조리 과정을 아이들과 함께 배우기 위해서였어요. 일하시는 분들이 환하게 웃으시며 손을 흔들어주셨습니다. 그 모습을 보면서 아이들에게 감사의 편지를 쓰는 시간을 가졌어요. 그러면서 이 분들을 위해 어떻게 하면 더 안전한 조리실 환경을 만들지 논의하고 있습니다.

배려와 존중의 대상은 '사람'만이 아닙니다. 제가 자주 가는 동네 도서관 벽에는 투명한 유리에 작은 점들이 일정한 간격으로 찍혀 있어요. 날아다니는 새들이 부딪쳐 죽거나 다치는 일을 막기 위한 디자인을 채택했기 때문이에요. 생명을 사랑하는 마음은 우리 모두를 더 안전하게 만듭니다.

끝으로 여기에 더해 '사회적 상상력'을 강조하고 싶습니다. 안전에는 상상력이 필요합니다. 어린이들이 이용하는 횡단보도에 노란 카펫을 그리고, 무거운 상자에 손잡이를 달고, 계산 노동자들에게 의자를 제공했던 일 모두 안전한 세상에 대한 사회적 상상에서 출발했습니다. 이 책이 안전한 삶을 만들어 가고자 하는 많은 분들께 '상상력 창고'가 되었으면 합니다.

배성호 드림